**VOZES E SILÊNCIOS
DE MENINOS DE RUA**

VOZES E SILÊNCIOS DE MENINOS DE RUA
O que os meninos de rua pensam sobre as nossas instituições

Rosa Helena Blanco Machado

Martins Fontes
São Paulo 2003

Copyright © 2003, Livraria Martins Fontes Editora Ltda.,
São Paulo, para a presente edição.

1ª edição
fevereiro de 2003

Acompanhamento editorial
HELENA GUIMARÃES BITTENCOURT

Preparação do original
Andréa Stahel M. da Silva
Revisão gráfica
Maria Regina Ribeiro Machado
Sandra Regina de Souza
Produção gráfica
Geraldo Alves
Paginação/Fotolitos
Studio 3 Desenvolvimento Editorial

Dados Internacionais de Catalogação na Publicação (CIP)
(Câmara Brasileira do Livro, SP, Brasil)

Machado, Rosa Helena Blanco
  Vozes e silêncios de meninos de rua : o que os meninos de rua pensam sobre as nossas instituições / Rosa Helena Blanco Machado. – São Paulo : Martins Fontes, 2003. – (Texto e linguagem)

Bibliografia.
ISBN 85-336-1729-1

1. Instituições sociais – Brasil 2. Meninos de rua – Brasil 3. Meninos de rua – Linguagem I. Título. II. Título : O que os meninos de rua pensam sobre as nossas instituições. III. Série.

03-0392   CDD-305.230981

Índices para catálogo sistemático:
1. Brasil : Meninos de rua : Aspectos lingüísticos :
Sociologia   305.230981

Todos os direitos desta edição reservados à
Livraria Martins Fontes Editora Ltda.
Rua Conselheiro Ramalho, 330/340 01325-000 São Paulo SP Brasil
Tel. (11) 3241.3677 Fax (11) 3105.6867
e-mail: info@martinsfontes.com.br http://www.martinsfontes.com.br

Índice

Introdução **XIII**
   Quem são esses meninos de rua **XV**
   Novos objetivos se impõem **XXIV**

Capítulo 1 Lingua(gem), discurso e representação social **1**
      A lingua(gem), o discurso **1**
      As vozes do discurso – a heterogeneidade discursiva **22**
      A idéia de representação social **26**

Capítulo 2 Como transcorreu a conversa **31**
      Entrevista com A.A. (Casa D. Timóteo/dezembro de 1996) **34**

Capítulo 3 As representações sociais na fala dos meninos e meninas de rua **91**
      O que os meninos dizem sobre a família **95**
      O que os meninos dizem sobre a polícia **111**
      O que os meninos dizem sobre a sociedade na qual vivem – como entendem a questão da desigualdade social, a existência de riqueza e pobreza na sociedade **127**
      O que os meninos dizem sobre a escola, a leitura, a escrita **156**

Capítulo 4 Considerações finais **167**

Referências bibliográficas **173**

Para Tito Machado, pelo amor à terra e à gente brasileiras.

Para Naira, Carolina e Guilherme.

Agradecimentos

Aos meninos e meninas entrevistados, com muito carinho.
Ao prof. João Wanderley Geraldi, que sempre me incentivou.

Nívea Maria Moreira Chagas
Iara Dulce Bandeira de Ataíde
Jonas de Araújo Romualdo
Tânia Alkmim
Haquira Osakabe
Maria Laura Mayrink-Sabinson
Raquel Salek Fiad
Lígia Pellon
Ester Scarpa
Jacques Sonneville
Vera Motta

Universidade do Estado da Bahia – UNEB

Eu tinha 9 anos e me lembro do choque de ver gente descarnada, que vinha não se sabia de onde e morria aos milhares. O que me chocou foi perceber que eu não conhecia ninguém entre toda essa gente. Eram todos pobres e nós não conhecemos os pobres. Esse é o grande problema de nossa sociedade.

(Amartya Sen)

– Aprender a ler ajuda a pessoa a se desenvolver mais na vida ou não?
– Ajuda.
– É? Me explique aí como é isso?
– Quando ele aprende a ler, ele sai pros lugares, tá feliz.
– Fica feliz, né, tio? Fica feliz porque sabe ler?
– Ler. Quando tá com a família também.

(P.O.S.)

Introdução

Este estudo nasceu do interesse em examinar, do ponto de vista linguístico, as falas de crianças e adolescentes oriundos das camadas mais desassistidas da sociedade (e por suas instituições), formando um perfil de sujeitos marginalizados e estigmatizados. Originalmente, tinha-se como objetivo o estudo da *argumentação* nas suas falas, tanto do ponto de vista formal quanto de conteúdo. Com este fim foram pensados os procedimentos de aproximação e abordagem das crianças e dos adolescentes, a coleta de material, a elaboração dos roteiros-guia de entrevistas, a definição dos lugares e o modo de obtenção dos dados.

Esse objetivo inicial, entretanto, foi modificado depois de ter sido feita a coleta do material empírico, as falas gravadas de meninos e meninas, cujas histórias de vida desenham um segmento de indivíduos hoje conhecidos pelo nome de "meninos de rua". Nas páginas que se seguem, fala-se, entre outras coisas, de todo o percurso feito, da mudança nesses propósitos iniciais ao longo do processo de elaboração do trabalho, bem como dos novos objetivos de estudo que se impuseram diante do material coletado.

O interesse pela fala dos meninos de rua se justifica pelo fato de que eles constituem uma amostra representativa de segmentos marginalizados da população, distante dos efeitos diretos de algumas instituições de orientação e controle, criadas pela sociedade, como a escola e a família. Para sua sobrevivência, os garotos de rua constroem seus próprios modos de organização, apossam-se de elementos culturais que circulam por toda a sociedade e os adaptam às suas formas de vida e às suas necessidades. Há na literatura uma obra bastante volumosa que aborda o tema dos pontos de vista social e antropológico, e que procura desvendar o seu mundo e as estratégias que estabelecem em suas formas de sobrevivência[1].

Da leitura dessa literatura, realizada precedentemente, a maior parte baseada na história de vida contada por esses meninos, nasceu propriamente o interesse pelo assunto: saber como esses garotos se expressam, conhecer um pouco de sua *performance* lingüística. Isso, em interações que demandam procedimentos lingüísticos provavelmente pouco usuais para eles, de exposição e desenvolvimento de idéias, opiniões e avaliações quanto ao papel que têm na sociedade. As falas dos sujeitos deste ensaio sobre essa sociedade, sobre as pessoas, sobre suas relações com essas pessoas, e também sobre instituições tão conhecidas como a escola, a família, a polícia, a Igreja, o governo, constituem o objetivo maior deste trabalho.

Para esse empreendimento, foi necessário procurar o sujeito "menino de rua" no lugar em que ele se encontra, habitualmente; num lugar em que ele costuma estar, por qualquer razão que seja, e buscar manter com ele as conversas, os diálogos que trouxessem elementos reveladores das avaliações acima indicadas.

---

1. Particularmente, sobre os modos de organização de vida desses meninos, vistos através das histórias de vida, são dignos de nota os trabalhos de ATAÍDE, Yara Dulce B. de, *Joca, um menino de rua*, e ainda *Decifra-me ou devoro-te: história oral de vida dos meninos de rua de Salvador;* CARVALHO, Maria Avelina de, *Tô vivu*, entre outros. Ver também LOPES, Geraldo, *O massacre da Candelária*. Para maiores indicações, ver Referências bibliográficas.

Quem são esses meninos de rua

Falar de "menino de rua" requer muito cuidado e precaução, porque a expressão não remete a referente uniforme, a um conceito unívoco. Alguns sociólogos apontam para a diversidade do que se considera, hoje, no Brasil, "menino de rua"[2]. Há, pelo menos, três categorias: o menino que vai às ruas para realizar algum trabalho e volta toda noite para casa e para sua família; o menino que vive nas ruas, sem elo contínuo com a família mas que mantém com ela ainda algum contato; e o menino que está completamente nas ruas, já perdeu esses vínculos familiares e vive do modo como lhe é possível, realizando com freqüência roubos, assaltos, etc. Os garotos, adolescentes/crianças, contatados para este estudo não se encaixam à perfeição nessas categorias. Enquadram-se alguns numa, outros noutra, mas vivendo uma circunstância que lhes dá uma outra configuração, circunstância essa que, para o tipo de estudo que se desenvolveu, é da maior importância. São crianças e adolescentes que estão envolvidos em projetos assistenciais de reinserção e ressocialização, realizados por um programa assistencial de responsabilidade da prefeitura de Salvador, implantado na gestão 1993/1996, intitulado Cidade-Mãe e também pelo conhecido Projeto Axé. Esses programas têm atuação complementar, no sentido de estender a assistência ao menino por todo o período de um dia, incluindo a dormida, de modo que torne efetivamente menor o seu tempo nas ruas. As ações do Axé são para motivar e trazer o menino que está nas ruas para participar de alguma atividade educativa, cultural e de lazer. Além da escola com alfabetização, mais ou menos adaptada às necessidades da clientela específica que é o menino de rua, há ensinamentos e atividades várias, dentre as quais uma das mais conhecidas é um projeto de

---

2. Para informações sobre essa questão, remeto o leitor ao texto de ATAÍDE, Yara Dulce B. de, *Decifra-me ou devoro-te*, entre outros.

ensino de corte e costura, com criação dos modelos, já conhecido por Modaxé, realizada sobretudo por meninas de rua motivadas e interessadas pelo assunto. Ao Cidade-Mãe cabe dar a guarida a partir das 18h até às 6h ou 7h, quando então esses garotos recebem vale-transporte e devem se dirigir às oficinas do Axé. Na sede do Cidade-Mãe eles recebem jantar e dispõem de toda a infra-estrutura para banho e dormida.

Em ambos os programas trabalham educadores, alguns dos quais especialmente formados para estabelecer o contato com o menino na rua e motivá-lo a se envolver nas atividades oferecidas no Projeto Axé. No Cidade-Mãe, além da diretora, da coordenadora e dos educadores, trabalham também assistentes sociais, psicólogos e funcionários de apoio para as atividades realizadas, entre os quais seguranças e vigias. Os educadores que trabalham no Cidade-Mãe oferecem aos garotos atividades de letramento, esportes, jogos de entretenimento e educativos, proporcionam horas de TV e vídeo, discussões sobre assuntos de interesse do garoto, etc. O programa Cidade-Mãe dispõe de dois prédios-sedes distintos, em lugares diferentes em Salvador, destinados a acolher, de um lado crianças/adolescentes do sexo masculino, numa sede que tem o nome de Casa de Acolhimento D. Timóteo e, de outro lado, as meninas, na sede conhecida por Casa de Oxum.

A Casa D. Timóteo, além de receber os meninos ligados ao Projeto Axé, recebe também meninos enviados pelo Conselho Tutelar. Sua incumbência é fazer o menino retornar aos seus familiares. As entrevistas realizadas com os meninos de rua, do sexo masculino, ocorreram nas dependências da Casa D. Timóteo, no horário noturno, geralmente após o jantar, no momento dedicado ao entretenimento (televisão, jogos, etc.).

Na época da coleta desse material, a Casa de Oxum, onde foram entrevistadas as quatro meninas cujas falas são também aqui analisadas, tinha sido recentemente criada e ainda não funcionava plenamente nem atendia a todos os seus objetivos. A Casa de Oxum propunha-se a atrair meninas de rua para suas dependências, oferecendo às tardes uma merenda, que funcionava como um chamariz, para a paulatina reinserção e ressocialização da menina de rua. Na época eram oferecidos cursos de artesanato, penteados à moda afro, atividades de leitura e jogos educativos com educadores também atentos à especificidade da clientela. As quatro meninas entrevistadas, diferentemente dos meninos, não estavam plenamente engajadas ao Projeto Axé[3]. As entrevistas foram realizadas nas dependências da Casa de Oxum, no período da tarde, e apenas uma dentre essas meninas estava efetivamente dormindo na Casa. As demais eram garotas que viviam nas ruas e apareciam, às vezes, para merendar, permanecendo, em seguida, um pouco na sede, apreciando e participando dos trabalhos.

As entrevistas foram realizadas durante o período de agosto a dezembro de 1996, em visitas semanais às duas casas referidas. Os dois primeiros meses foram dedicados à Casa D. Timóteo e somente a partir de outubro deu-se início às visitas também à Casa de Oxum. Com muito mais dificuldade fez-se o trabalho na Casa de Oxum, visto que, por ser uma Casa recém-criada, havia poucas meninas ali acomodadas, e, dentre essas, apenas uma foi entrevistada. As outras crianças que ali estavam, na época, conforme palavras de sua coordenadora, eram meninas que tinham família e que esperavam a reconstrução de suas casas destruídas pelas últimas chuvas: não se conformavam, então, ao perfil de sujeito previsto e por isso não foram entrevistadas.

Nas primeiras visitas feitas a cada uma dessas sedes buscou-se conhecer um pouco do ambiente, do espaço físico, das atividades realizadas e também das crianças/adolescentes que ali estavam.

---

3. As informações aqui dadas sobre o Programa Cidade-Mãe referem-se especialmente ao período em que foram feitas as entrevistas com os garotos. Considerem-se, portanto, mudanças dessas diretrizes no momento atual, em que é outra a gestão municipal de Salvador. Considerem-se também possíveis mudanças na dinâmica e funcionamento do Projeto Axé, em razão, sobretudo, do tempo decorrido entre os contatos com o Programa e a publicação deste estudo.

Os convites iniciais aos garotos para fazer a entrevista partiram da diretora da casa, que dizia querer "aquela professora" conversar com eles sobre "algumas coisas", e que já fizera isso antes com outros meninos. Os contatos posteriores ficaram mais por conta dos próprios meninos e da pesquisadora: os meninos, em geral, gostavam da idéia de ser entrevistados e perguntavam "quando seria a sua vez". No caso das meninas, o procedimento foi um pouco diferente, já que seria preciso aproveitar a oportunidade em que uma garota resolvesse parar ali para merendar e/ou participar das atividades oferecidas. Quando isso acontecia, a coordenadora apresentava a garota e lhe perguntava se ela poderia e gostaria de ter uma conversa com "aquela professora". Duas das garotas foram bem receptivas à idéia; as outras duas demonstraram um pouco de enfado mas atenderam ao convite.

Foram ouvidos, ao todo, quinze entrevistados (11 meninos e 4 meninas), com idades entre 10 e 16 anos, em conversas que duraram em média 45 minutos, perfazendo um total de, aproximadamente, onze horas.

Apenas treze dessas entrevistas, entretanto, constituíram-se em dados para as análises aqui efetuadas; as restantes são entrevistas de dois meninos de 11 e 13 anos, ambas realizadas também nas dependências da Casa D. Timóteo. Esses garotos estão entre aqueles que são enviados à Casa D. Timóteo pelo Conselho Tutelar, para que possam jantar e dormir. Só depois de feitas as entrevistas, pôde-se verificar que suas histórias de vida não são as mesmas dos outros meninos e que as circunstâncias que os levaram até a Casa D. Timóteo são bem distintas daquelas dos outros garotos. Um deles tem problemas familiares: a mãe é traficante de drogas e mora em outro Estado; tem uma irmã também adolescente acolhida numa casa de assistência e correção por pequenos delitos praticados. Segundo as informações do garoto, ele estava no Conselho Tutelar só por alguns dias até que o pai pudesse pegá-lo. Esse garoto não tem o mesmo gestual, nem o mesmo comportamento, nem a mesma aparência física dos demais entrevistados: é branco ou quase isso, bem tratado, tendo até mesmo valise com objetos de higiene pessoal bem organizada, e realizou estudos regulares na Bahia e em seu Estado de origem. O outro garoto, cuja entrevista não foi incluída como dado de análise, tem 13 anos, reside numa cidade próxima a Salvador e é engraxate em sua cidade. Tendo vindo a Salvador junto com o irmão mais velho para tentar maiores ganhos com o seu trabalho, perdeu-se e foi parar no Conselho Tutelar, que lhe prometeu dar algum dinheiro e enviá-lo de volta a sua cidade, conforme suas próprias palavras. Mora com a mãe e outros irmãos, freqüenta a escola de alfabetização, apesar dos seus 13 anos, e realiza o trabalho de engraxate para ajudar a mãe, que trabalha na feira da cidade. De constituição física magra, é negro e pobre, o que o leva a ser confundido com os meninos de rua de Salvador, na sua maioria constituídos de garotos mestiços e negros. Diferente entretanto é a sua forma de relacionar-se com os agentes da Casa de Oxum e com a pesquisadora, quer por seu comportamento, quer por seu gestual. Diferente também é a sua história de vida. Pelo fato de não se identificarem aos demais garotos em suas histórias de vida, embora estivessem no mesmo lugar em que os outros foram acolhidos, por serem outros os referenciais de que lançam mão para se posicionarem no mundo e sobretudo por não terem vivido a mesma trajetória, nem terem sofrido influências mais ou menos semelhantes às dos demais, optou-se por não considerar as suas falas como pertinentes para o estudo realizado, tendo sido usadas como um elemento de comparação para as análises das falas dos meninos de rua.

Os meninos e meninas entrevistados têm um tempo razoável de vida nas ruas, antes da entrada nos programa de ressocialização referidos, variando entre pelo menos dois anos e, até, no caso de uma das meninas de dezesseis anos, toda a vida passada nas ruas de Salvador, junto com a mãe e os irmãos. Alguns poucos jamais freqüentaram a escola regular, estando pela primeira vez em classes de alfabetização no Projeto Axé. Outros já estiveram em escolas por períodos que variam de alguns meses até quatro anos, mais ou menos. Nenhum tem domínio da leitura e da escrita, embora eles assinem seus nomes e leiam, soletrando, quando o fazem. A família de quase todos eles se resume apenas à mãe ou ao pai, o ausente tendo já falecido ou abandonado a família: muitos desconhecem o pai, alguns poucos até mesmo a mãe. Todos são de origem extremamente pobre, alguns vieram do interior da Bahia, outros são de Salvador. Quase todos já fizeram, e há quem faça ainda, uso de drogas, embora alguns neguem isso quando questionados. Uns poucos já cometeram delitos como roubos e pequenos assaltos. Alguns já haviam voltado para a família mas acabaram retornando às ruas e, das ruas, ao Cidade-Mãe; outros estavam preparando-se para o retorno às suas casas, na época do contato. Dentre as meninas, três viviam nas ruas e vinham até a Casa de Oxum apenas merendar e participar das atividades ali oferecidas à tarde.

É importante enfatizar a situação especial do chamado "menino de rua" que foi aqui entrevistado. Esse menino não foi localizado nas ruas, mas num ambiente educacional para o qual foi convidado, e que se propõe a favorecer sua reinserção na sociedade, num empreendimento que demanda dele disciplina, cooperação e obediência às diretrizes da instituição. São meninos que já estão há algum tempo em interação constante com profissionais especializados na tarefa de fazê-los retornar à vida social. Entenda-se com isso, o engajamento à "outra" sociedade da qual os meninos não participam e pela qual são considerados marginais, ameaçadores, ou, na melhor das hipóteses, "desajustados". Nesse processo proporcionam-se atividades e ações que os levam a entender os parâmetros dessa sociedade, os referenciais com os quais ela lida e pelos quais se orienta. Espera-se com isso que, fazendo-os retornar a suas famílias, nelas eles possam completar essa ressocialização. Esses entrevistados resolveram sair das ruas e tentar voltar à "normalidade" da vida em sociedade, sem o estigma de "menino de rua"; mais uma vez buscaram integrar-se a um meio do qual não participaram desde o início de suas vidas, tendo sido, na verdade, lançados fora dele.

A vida nas ruas requer conhecimentos e orientações próprias, formas de interações verbais e sociais características, apoiadas em referenciais que possibilitem a quem nela está abrigado uma chance de sobrevivência[4]. Para voltar a essa "normalidade" pretendida pelos programas de ressocialização é preciso o desligamento de todo esse aparato organizacional; é preciso destruir ou ao menos refazer as referências socioculturais para a inserção nesse novo meio, não totalmente novo para o garoto de rua, mas que funciona em bases distintas das que ele dispõe quando vive por sua conta, tendo por casa toda uma cidade, suas ruas, marquises, bancos de praças, construções abandonadas, etc. E todo um mundo de gente que circula ao seu redor e ao mesmo tempo o despreza e o ignora por medo, por preconceito, por desconhecimento, por nojo, como se não fosse criança como as outras.

Desfazer esse mundo que essas crianças e adolescentes internalizam em suas histórias de vida não é algo fácil e tampouco imediato. É tarefa paulatina, gradativa, sobretudo persistente. E não se reduz à mera oferta de atividades curiosas que despertem a atenção daquele menino acostumado a se autodirigir, acostumado a uma vida sem a disciplina requerida para o indivíduo se movimentar na sociedade sem molestar e sem ser molestado. A linguagem tem aí invulgar poder de força: ela é que vai desencadear esse processo de redefinição do sistema de referências socioculturais. É através de seus discursos de convencimento e persuasão que os agentes de socialização tentam trazer seus meninos para dentro da esfera do possível, do permitido; suas falas deverão desmontar práticas e representações já consolidadas ou em processo de consolidação, e substituí-las por outras com significações adaptadas a um projeto de vida ajustado à so-

---

4. Para informações sobre as formas de organização entre os meninos de rua, remeto o leitor à bibliografia citada na nota 1, entre outras (ver Referências bibliográficas).

ciedade e coerentes com ele, projeto esse que não ofereça riscos de ameaça e perturbação a essa mesma sociedade. Os referenciais que guiam esses meninos devem ser desarticulados em sua essência para que surjam outros, substitutivos, que ajudem na montagem das novas significações que devem nortear suas vidas. Eles, os meninos de rua, evidentemente, não saem de mundos extraterrenos. Nascidos e criados num mundo tido como globalizante e globalizador, em que a força da tecnologia impõe-se, mergulhados que estão no miolo dos acontecimentos de uma cidade grande como essa em que nasceram e/ou habitam, esses garotos não vivem à parte, isolados, ignorantes das regras dessa sociedade que os desconhece. Ao contrário, "conhecedores" que são, em certa medida, dessas regras, delas se servem na justa medida em que possam assimilá-las para seus anseios e suas necessidades. São regras adaptadas, conhecimentos que se conformam às maneiras que o desassistido e o marginalizado desenvolvem para garantir a sua sobrevivência. Esse é o âmbito do "exercício" de ajuste que eles realizam. Nesse sentido, uma tarefa das mais difíceis é fazer os meninos de rua sentirem-se efetivamente atraídos por algo que eles considerem válido e importante. O discurso dos agentes da reinserção tem, então, um peso enorme na tentativa de ser bem-sucedido nessa empreitada.

Os sujeitos de sexo masculino entrevistados nessa pesquisa já estão engajados nos projetos Axé e Cidade-Mãe há algum tempo; uns mais, outros menos. Nenhum há apenas dias ou mês. No Axé, freqüentam escola de alfabetização e têm cursos variados de desenhos, trabalhos com sucata, esportes, etc. No Cidade-Mãe, estão em freqüente contato com educadores especializados durante todo o tempo em que ficam lá; os educadores que trabalhavam na Casa D. Timóteo, na época da coleta de material, passavam toda a noite na instituição, numa espécie de trabalho de vigília, até para resolver problemas e impasses entre os próprios meninos; há sessões regulares de atendimento psicológico durante a semana; há fácil acesso a sua diretora, com quem os meninos também conversam, expondo seus problemas e dificuldades; e há ainda a permanente interação com todo o pessoal de apoio que trabalha na instituição.

Já as meninas entrevistadas têm pouco contato com a instituição que começavam a freqüentar e onde foram convidadas a fazer a entrevista. Apenas uma garota de 15 anos que dormia na Casa de Oxum disse ter iniciado, havia pouco, algumas atividades culturais em outros lugares. Os contatos e as interações com os agentes sociais da instituição e com professores que ministram alguns dos referidos cursos de artesanato, na época das gravações, não ocorreram, para as meninas, com a mesma intensidade que ocorrem com os meninos. Elas ainda estavam começando essas interações.

É importante ressaltar esse aspecto, porque esses contatos vividos pelos meninos e meninas de rua entrevistados aqui são responsáveis, em certa medida, pelo tipo de dado lingüístico analisado. Com efeito, todo tempo em que aqui se referir à "fala de menino de rua", deve-se ter em mente que o menino de rua com quem se está lidando não é o menino ou a menina que está inteiramente nas ruas, vivendo exclusivamente daquilo que a rua lhe oferece: nesse caso, esses meninos começam a sofrer um processo de ressocialização, processo esse em que a linguagem é fator fundamental, pedra inicial por onde se inicia a reconstrução de um ser adaptado a princípios impositivos, dominantes e definidos. É preciso dobrar-se, adaptar-se a eles, no processo de reinserção.

É óbvio que há, nas respostas dos meninos às questões colocadas nas entrevistas, influências dessas constantes interações verbais experimentadas em suas novas formas de vida: um pouco nas instituições, outro pouco nas ruas, por onde transitam nos períodos de deslocamentos entre as duas casas de assistência; para as meninas, o pouco contato com a instituição e o maior tempo passado nas ruas fazem com que suas falas não estejam tão impregnadas das referências das instituições, como a análise dos dados permitirá ver.

Novos objetivos se impõem

A idéia inicial de levantar os argumentos e as formas de argumentação na fala desses meninos, no que diz respeito aos temas sugeridos no roteiro, foi abandonada, entretanto, em função dos próprios dados obtidos. A leitura atenta e curiosa dos dados levou à definição de outro objetivo: *trazer à discussão as formas de constituição de representações sociais sobre os temas* tratados com os entrevistados. Nas linhas que se seguem, fala-se das curiosas razões pelas quais se deixou de lado o interesse primeiro do estudo, e dos caminhos que levaram à configuração de novos objetivos.

O roteiro de entrevista continha questões sobre a família, sua importância para os entrevistados; sobre a escola, seu significado, sua função; sobre as pessoas e a relação que os entrevistados têm com a sociedade que os circunda mas da qual efetivamente não se sentem parte; sobre a desigualdade social, a flagrante divisão entre ricos e pobres na sociedade em que eles vivem, as razões dessa desigualdade; sobre a polícia, sua função e importância. Todas essas questões foram precedidas por um momento em que eram solicitadas algumas informações sobre o entrevistado: nome, nascimento, família, moradia, razões de fuga para as ruas, histórias de vida. Esse momento de orientação e identificação geralmente ocorria no início da entrevista e oferecia os ganchos para a inserção do primeiro tema solicitado, a família. Mas há relatos de experiências permeando todo o texto, e eles surgem por iniciativa do(a) menino(a), ou, às vezes, provocados pela interlocutora, a pesquisadora.

Embora todos os meninos e meninas tenham realizado a entrevista espontaneamente, as entrevistas não fluíram tão bem quanto se desejava. Não houve respostas a todas as questões, sendo o silêncio o grande protagonista nessas interações. São muitos os momentos em que os meninos recusam-se a responder, calando-se ou dizendo simplórios "não sei"; são muitas também as respostas gestuais ou aquelas bem sintéticas, do tipo "sim" ou "não", como se verá mais adiante. E houve ainda uns poucos episódios em que o entrevistado mostrava-se cansado, enfadado com a conversa, explicitamente desejando logo o seu término.

Observou-se desde logo que esses garotos, em suas falas, não parecem querer "ganhar" o seu interlocutor para o engajamento em suas idéias. As suas falas, suas respostas, na maioria das vezes, se constituem mais em prosaicas informações do que em argumentos, como decorrência das perguntas que lhes são feitas, como se eles, em princípio, não tivessem nada sobre que opinar, como se eles não fossem também vozes nesse coro de que se constitui afinal todo o tecido da linguagem que caracteriza uma sociedade, numa determinada época e espaço. Eles refletem, nesse comportamento lingüístico, a situação de marginalidade em que vivem na sociedade. Nesse sentido, há de se observar a "singularidade" desses dados. São meninos de rua que estão sendo entrevistados e convidados a falar de "temas", de "assuntos" a respeito dos quais, certamente, eles jamais são convidados a se posicionar. São grupos marginalizados dentro da sociedade, de quem não se espera coisa alguma a não ser que voltem a conviver com seus familiares e assumam ares de adequação e adaptação social, de forma que não "atrapalhem" ou não "incomodem" a sociedade na sua organização, no seu funcionamento.

Fala-se em "singularidade" porque não é comum perguntar a um menino de rua se, por exemplo, a instituição familiar é uma instituição necessária para o pleno desenvolvimento psicossocial de um ser humano e para sua inserção na sociedade. Tampouco é comum perguntar a ele se a polícia é uma instituição de inegável valor e se cumpre ou vem cumprindo a função de proteger a sociedade.

Esse aspecto se constitui em ponto importante na análise dos dados. Justamente porque esses sujeitos não são considerados sujeitos pela sociedade, o que lhes é dado, bem como o que se pede a esses meninos, nada tem a ver com uma possível contribuição deles a respeito de temas como os que aqui são elencados. Para princípio de conversa supõe-se que eles nada têm a dizer, muito menos a acrescentar, a somar ao já constituído. E eles "sabem" disso. É evidente que todos esses aspectos devem ser levados em conta num estudo como esse.

O silêncio, ainda que constante, não é "majoritário". Existem em todas as entrevistas falas que respondem às questões feitas, às vezes até com detalhes. Mas são recorrentes, sem dúvida, o calar-se, os "não sei", bem como as respostas gestuais, mesmo os enfados e até as pequenas irritações diante de perguntas às vezes insistentes sobre assuntos a propósito dos quais eles jamais tiveram necessidade ou motivação para refletir e formular linguisticamente sua exposição. O silêncio é então pertinente e bastante significativo.

De posse dos dados, o que se verificou é que essas falas dos meninos, obtidas nas circunstâncias já referidas, apontavam para uma direção diferente daquela pensada inicialmente. Talvez em razão dessas circunstâncias (uma entrevista dentro de uma instituição de assistência, a convite da diretora, com uma professora bem mais velha, de uma outra classe social), talvez em decorrência disso tudo e mais o inusitado da situação de comunicação que se instaurou, orientada pelo questionamento de temas como os propostos, o que se observou é que os diálogos revelavam algo bem mais interessante do que as exposições argumentativas esperadas. Em suas falas, observou-se um constante cruzamento que, à primeira vista, parecia produzir uma totalidade incoerente, até incompatível, entre expressões verbais relacionadas à experiência pessoal de vida e discursos que tinham origem em outros lugares. Eram falas que vinham de vários pontos, misturando o discurso oficial que lhes chegava pela via dos ensinamentos obtidos nas escolas, na Igreja, nos meios de comunicação, a fala com todos os agentes de socialização e as significações emanadas de suas próprias vidas, das práticas do cotidiano.

A primeira impressão que os dados revelavam era de uma incongruência, às vezes até de uma forte incompatibilidade entre, por exemplo, o que os meninos dizem sobre "o que é a família, a importância da família", quando diretamente perguntados sobre isso, e o que eles expõem sobre suas próprias famílias, suas impressões passadas pelos relatos de vida e experiência, quando, na entrevista, estão narrando seu dia-a-dia nas ruas e em seus núcleos familiares e amigos. Olhar esses dados coletados sob a ótica da argumentação, entendida sob o seu aspecto cristalizado de organização e exposição coerente de idéias e argumentos, como se pretendia inicialmente, obliteraria a análise de fenômeno mais evidente, mais palpável e igualmente importante para a compreensão da linguagem. Trata-se do "flagrante" do nascimento, da origem das significações dadas às realidades, dos cruzamentos de sentidos provenientes de lugares diversos e que acabavam por constituir um determinado campo semântico no interior do qual se dá sentido ao vivido. Observou-se nesses dados a possibilidade de captar a construção de significações sobre os temas abordados, a forma como elas se compõem e vão-se organizando. Essas significações (seu entendimento das instituições já nomeadas acima) vão constituir um grande mosaico das representações sociais pelas quais os meninos de rua se orientam e com as quais operacionalizam as suas ações no mundo, representações com as quais trabalham para a interpretação da realidade que os cerca.

Inserido que está no meio social, em constante interação e comunicação com o seu semelhante, o homem vai criando essas representações sociais – que são o referencial de que precisa para sintonizar-se com o ambiente em que vive – a partir de um sistema lingüístico que opera sobre a realidade, interpretando-a:

> [...] A linguagem, pois, não é um dado ou resultado; mas um trabalho que "dá forma" ao conteúdo variável de nossas experiências, trabalho de construção, de retificação do "vivido", que ao mesmo tempo constitui o sistema simbólico mediante o qual se opera sobre a realidade e constitui a realidade como um sistema de referências em que aquele se torna significativo. (Franchi, 1977, p. 22.)

Na perspectiva constitutiva de Franchi (1977), cujas contribuições na reflexão sobre a linguagem serão discutidas no capítulo 1, ressalta-se o trabalho da linguagem operando sobre a realidade e a constituindo como sistema de referências. Essa noção de "sistema de referências" apresenta uma configuração aproximada da noção de representação social, entendida esta como uma forma de conhecimento elaborada e partilhada, que tem um fim prático e concorre para a construção de uma realidade comum a um conjunto social. Ambas são noções que trabalham com a idéia de "construção" da realidade sobre a qual o ser humano opera, criando meios para sua orientação e circulação nessa realidade.

O aspecto fundamental que a linguagem assume na construção de representações sociais tem sido apontado pelos psicossociólogos:

> É quando as pessoas se encontram para falar, argumentar, discutir o cotidiano, ou quando elas estão expostas às instituições, aos meios de comunicação, aos mitos e à herança histórico-cultural de suas sociedades que as representações sociais são formadas [...]. Em sociedades cada vez mais complexas, onde a comunicação cotidiana é em grande parte mediada pelos canais de comunicação de massa, representações e símbolos tornam-se a própria substância sobre a qual ações são definidas e o poder é – ou não – exercido. (Guareschi, P. & Jovchelovitch, S., 1995, p. 20.)

Não se trata de diluir nem uma noção nem outra – linguagem e representação social. Ao assumir uma concepção de linguagem como atividade constitutiva e, portanto, ao ressaltar como imanente o processo do trabalho lingüístico, restaria sempre a necessidade de abordar os produtos inacabados e em permanente reconstrução desta atividade. De um lado, encontra-se a língua como "sistematização aberta" (Geraldi, 1991): um conjunto de signos e um conjunto de regras de combinação que somente são lingüísticos porque são significativos, ou seja, porque adquirem semanticidade por remeterem a um sistema de referências; por outro, este sistema de referências, que inexistiria se não fosse o trabalho lingüístico de constituição, resulta de um compósito de relações entre linguagem, interesses sociais, ideologia e investimentos de interesses dos agentes sociais. Todo ato de percepção e apreciação de realidade se dá no interior deste sistema compósito cuja materialidade é lingüística, a representação social sendo um modo de conhecer prático e compartilhado que orienta os agentes sociais.

Foi esse novo olhar sobre o *corpus* que permitiu definir a tarefa a ser realizada sobre ele: *estudar o processo de construção de representações sociais*, na conversa partilhada entre a interlocutora/pesquisadora e cada um desses meninos e meninas de rua. Essa conversa – que, como se verá, fugiu ao esquema rígido de uma entrevista com perguntas e respostas em que o entrevistador procura afastar-se ao máximo do seu entrevistado –, mantida entre dois interlocutores tão diferentes em seus conhecimentos de mundo, decorrentes de diversidades em suas condições socioeconômicas, culturais e de idade, possibilitou por si só a análise do processo da dinâmica do diálogo, considerando-se aí elementos básicos de sua constituição como a partilha objetiva de conhecimentos, a mutualidade de conhecimentos e suposições dos interlocutores entre si, bem como a reciprocidade, fundamental no diálogo, que dita a co-determinação de enunciados sobre aqueles do parceiro interlocutor (Markova & Foppa, 1991). Estudar o diálogo estabelecido a partir dessas orientações em consonância com os fundamentos sobre língua, linguagem, interação dialógica, inscritos numa perspectiva lingüística que vê a língua não como um sistema fechado de sinais, à moda de um produto dado, um instrumental de que se serve o homem nas suas comunicações, mas como um processo que se refaz a cada interação dialógica, permitiu um estudo da constituição essencialmente dinâmica, conflituosa, interativa das significações atribuídas pelos sujeitos enfocados a suas experiências de vida e a classificação destas no contexto dos temas levantados nas entrevistas.

Os objetivos então voltaram-se para esse viés que se apresentou nos próprios dados, procurando delinear *elemen-*

tos do interdiscurso – das instituições e das ruas – presentes na construção de representações sociais dos sujeitos.

Desde o início considerou-se que a quantidade de falas gravadas, a serem analisadas e a partir das quais pudessem ser feitas deduções[5] ou generalizações sobre a questão original da argumentação entre os meninos de rua, não seria um elemento de maior destaque. Interessava, isso sim, ver como, numa interação lingüística com a pesquisadora, um menino de rua se expressa, movido por questões sobre assuntos sugeridos e que envolvem e implicam a exposição de idéias e opiniões acerca da realidade em que esses meninos vivem.

Não foi finalidade do estudo fazer levantamento exaustivo e sistemático de significações e representações em processo de constituição verificadas nas linguagens dos meninos. Interessou examinar os processos de construção dessas representações, a constitutividade das significações que sustentam as representações sociais sobre os assuntos tematizados.

Nesse sentido, cada fala – e todas elas, ao mesmo tempo – é um dado de importância, é um dado de qualidade, porque é representativo de um processo, de um caminho. Os caminhos não são exatamente os mesmos, isso é bem sabido. As representações vão sendo tecidas à mercê de uma série de condições, influências, interações que o sujeito vai "sofrendo" durante o seu percurso de vida. Por isso é que aparecem diversas – e, talvez, até estranhas – conceitua-

---

5. As reflexões básicas sobre as quais esta pesquisa se fundamenta, no que diz respeito ao suporte para a adoção de um modelo de busca de conhecimento com base nos índices, nos sinais, estão no texto de GINZBURG, Carlo, Raízes de um paradigma indiciário, in *Mitos, emblemas, sinais*, São Paulo, Companhia das Letras, 1991, pp. 193-79. A epígrafe escolhida por Ginzburg para encabeçar seu texto – *Deus está no particular* (A. Warburg) – poderia se encaixar perfeitamente em qualquer dos capítulos que compõem este trabalho, tal é a sintonia com o que se busca e com o que se apreende nos dados aqui apresentados. Recomenda-se a leitura do texto de Ginzburg aos que desejam inteirar-se com profundidade dessas questões metodológicas (ver Referências bibliográficas).

ções nas falas dos meninos de rua. Exemplifica esta estranheza a resposta de uma das meninas em relação à questão da condição e distribuição de riqueza e pobreza entre as pessoas da sociedade: para a garota, "todas as pessoas são ricas, só que algumas têm dinheiro e outras não". Essa é uma resposta que revela o caminho por ela percorrido, as compreensões que vai absorvendo das várias fontes de onde tira seu conhecimento e a partir do qual faz as suas próprias criações. Sem dúvida, não é uma resposta comum, mas, por isso mesmo, pergunta-se: essa resposta deve ser considerada um dado a ser descartado, em função dessa "estranheza"? Ou, ao contrário, apresenta algum sinal que se oferece como algo a ser investigado?

Acredita-se que a segunda opção é a mais proveitosa para se conhecer o comportamento do homem, inclusive o comportamento lingüístico. Por isso o caminho metodológico que aponta para a importância da consideração do sinal, da pista, do indício no dado a ser analisado.

Neste estudo, as falas dos meninos e meninas entrevistados são analisadas segundo os parâmetros de um modelo epistemólogico que se fundamenta na consideração do traço que individualiza, na observação dos indícios presentes na relação que cada um desses meninos e meninas estabelece com a lingua(gem), nas conversas mantidas com a entrevistadora.

A cristalização de determinadas significações solidificando representações sociais (significações essas à primeira vista não passíveis de variações semânticas) ocorre por processos de imposição de significações, de modo que a sociedade possa ter maior controle sobre os seus componentes, seus procedimentos e suas condutas. A imposição de uma determinada significação a determinado aspecto da realidade, expressa linguisticamente, faz parte não só da necessária natureza arbitrária de que o signo lingüístico é naturalmente portador, mas é também um modo de assegurar o controle da sociedade, impedindo outras formas de interpretação da realidade que possam atingir pontos incontornáveis e gerar reações não desejadas. Falando de lugares distintos daqueles definidos pelos mecanismos controladores da sociedade para serem ocupados por crianças e adolescentes, os meninos de rua também apontam para significações que não são aquelas desejadas. É por isso mesmo que eles são tidos como sujeitos que nada têm a dizer, especialmente sobre os referidos temas institucionais. Seguramente, o silêncio recorrente dos entrevistados é conseqüência desse lugar à margem que lhes destina a sociedade, e paradoxalmente esse silêncio indicia o lugar social que esses sujeitos assumiriam se reintegrados à sociedade: aprender a viver adaptado a ele é aprender a silenciar.

Há alguns aspectos referentes especificamente à entrevista que merecem ser discutidos mais de perto. Num trabalho como esse, em que se procura desvendar as representações sociais contidas na linguagem de pessoas de um determinado grupo social, distantes, em todo sentido, das condições do seu parceiro de interlocução (a pesquisadora), questionamentos a respeito da isenção e da objetividade requeridas podem ser levantados. Se se pensar sobretudo que a conversa, o diálogo mantido com o menino deu-se com a própria pesquisadora e que nesse diálogo ela foi sua interlocutora de fato, então a questão da isenção e da "distância" fica ainda mais difícil de ser entendida e/ou aceita. Se se fala de representações sociais, pode-se perguntar como a pesquisadora terá conseguido desvencilhar-se das suas próprias representações para proceder a análises livres e não afetadas por essas redes de significação que são estabelecidas entre os parceiros de uma interação verbal, real, ambos sujeitos situados num tempo e lugar historicamente determinados, sendo igualmente vulneráveis e passíveis às influências desse tempo e espaço.

Uma das etapas do trabalho aqui apresentado se compõe exatamente do exame de um diálogo entre a pesquisadora e um dos meninos de rua. Essa análise, que constitui todo o capítulo II, vai apreciar de perto essas questões e mostrará as imbricações das falas do menino com as de sua interlocutora, bem como as dificuldades que emergiram durante o diálogo, examinando seus pontos de estrangulamento e as razões de sua ocorrência. A estratégia adotada permite não só tratar da dinâmica do diálogo entre duas pessoas mas também problematizar a questão da isenção e da distância requeridas do pesquisador em relação ao seu objeto de estudo, que, supostamente, dariam às análises um valor científico mais confiável[6].

O conhecimento a que se chegou pela análise dos dados coletados são sem dúvida interpretações, são conjeturas a respeito dos comportamentos lingüísticos. Essas conjeturas não nasceram de análises de dados obtidos mediante procedimentos ditos "objetivos", de coleta de material tal como listas exaustivas de respostas, imaginadas ou não, ou de intuições de falantes sobre como e onde ocorreriam tais respostas. As conjeturas resultam da análise de respostas de fato, verdadeiras, flagradas num momento vivo de diálogo[7].

Coletados os dados, através das entrevistas realizadas, inúmeras leituras e aproximações foram sendo feitas. À me-

---

6. A lida com o material de estudo que é a própria língua(gem), diferentemente do que ocorre com outros campos de estudo (pelo menos, quanto ao grau de comprometimento), mostra que a exigência dessa isenção do pesquisador da área das ciências humanas, da área da linguagem, não se coloca nos mesmos termos daqueles aplicados a outros campos de conhecimento. Essa é uma discussão bastante conhecida e muito profícua no campo da metodologia das ciências, e não há razão nem objetivo neste texto para retomá-la.

7. Poder-se-ia argumentar que essas respostas não são naturais ou autênticas, porque aparecem numa entrevista. No entanto, nenhum discurso é artificial, mas "o resultado de interações entre interlocutores que ocupam cada um uma certa posição numa situação dada" (LARA, 1999, p. 51). Numa perspectiva de pesquisa qualitativa, com base num paradigma indiciário, é contestável a noção de discurso natural ou autêntico na medida em que remete o discurso "não natural" ou "não autêntico". O erro epistemológico ou metodológico seria transpor os discursos produzidos numa situação dada para outras situações como se o dito e o dizer fossem espécies de curingas válidos para substituir ou estar no lugar de qualquer outra carta. Numa pesquisa que busque indícios, os resultados não apontam para invariantes mas para abstrações sucessivas, mais ou menos estabilizadas, de como os sujeitos se representam as realidades vividas.

dida que um quadro interpretativo foi-se formando, os conceitos básicos se impuseram. Esses conceitos são o tema do primeiro capítulo, em que se tenta cruzar diferentes perspectivas para acercar-se da difícil questão da constituição discursiva dos sujeitos sociais. As pontas interligadas, pelo fulcro da linguagem, foram a interação verbal e o dialogismo que lhe é próprio; o discurso e suas condições de emergência; a atividade lingüística como *locus* de constituição da consciência, e as representações sociais aí sediadas.

Dos dois capítulos seguintes, o primeiro será dedicado ao exame detalhado de uma determinada entrevista/conversa que a pesquisadora manteve com o seu informante, o sujeito menino de rua. A razão da escolha dessa entrevista em meio às outras será dada no correr do capítulo. Aí serão situadas mais cuidadosamente as circunstâncias em que ocorreu a conversa, como transcorreu, como fluiu, quais os entraves e as dificuldades da fluência, os pontos de estrangulamento, de *interincompreensão*, tentando localizar os fatores do sucesso e do fracasso da comunicação. Será uma abordagem em que se discutirá primeiramente a singularidade desse tipo de diálogo, com características de um "diálogo assimétrico", em que, supostamente, um dos interlocutores tem certo domínio sobre o outro. O objetivo desse capítulo é mostrar como surgiram estas respostas que serão analisadas, o ambiente lingüístico em que nasceram, evidenciar condições para a credibilidade que se pode dar a dados desse tipo e à análise proposta, e mostrar, na medida do possível, a atividade constitutiva do *fazer* lingüístico, retomando-se o ambiente da interação dialógica geradora das significações.

O último capítulo se constitui das análises das entrevistas agrupadas de acordo com os temas solicitados. As perguntas feitas aos garotos e garotas de rua ensejam a discussão de uma questão temática. A análise dessas respostas, agrupadas pelo assunto, será feita nesse capítulo, tendo como fundamento o referencial teórico tratado no primeiro capítulo.

Capítulo 1 **Lingua(gem), discurso e representação social**

Os dados lingüísticos trabalhados são resultantes de diálogos entre pesquisadora e garotos(as) de rua; esses diálogos fluem, de certo modo, sem estruturação prévia, tudo se fazendo no próprio instante da comunicação. Apenas os roteiros das entrevistas são pré-elaborados mas têm ordem e estrutura flexíveis.

O interesse do estudo é analisar as falas dos garotos quanto à sua *configuração semântica, seu movimento constitutivo e sua significação,* no que diz respeito aos temas elencados. Importa abranger a totalidade dessas manifestações lingüísticas, entendendo por tal abrangência um âmbito de análise que não seccione a fala em pequenos segmentos para exame de suas partes constitutivas (sintática e semanticamente), mas que a veja como um todo, em que atuam outros elementos além daqueles apenas considerados de um ponto de vista estritamente lingüístico, no sentido convencional das análises estruturais da língua.

A lingua(gem), o discurso

Um estudo como esse só se pode entender dentro de uma concepção de lingua(gem) que não se atenha aos limites aceitos pela lingüística tradicional, disciplina que preconiza e impõe as fronteiras do que pode ser examinado, analisado[1]. Não é isso o que se pretende aqui, portanto não será com essa visão de língua que se vai trabalhar. Consideram-se aqui a enunciação; os interlocutores; os papéis que esses interlocutores cumprem na situação efetiva de comunicação; as relações que se estabelecem entre os interlocutores, e entre estes e aquilo de que falam, estando situados num espaço e tempo histórica e socialmente datados. Só uma concepção de linguagem que se preocupe em entender a significação como compósito desses elementos pode estar a serviço da busca de explicações para o funcionamento dos dados lingüísticos aqui analisados.

O entendimento da linguagem tal como esse que se expõe implica uma teoria do discurso, orientada por uma concepção de língua que não a veja como um sistema de sinais fixo, acabado e imutável do qual se servem os interlocutores para expor seu pensamento, para se comunicar ou para praticar ações. A língua não é entendida como instrumento da comunicação do qual se servem o falante e seu parceiro da comunicação, não é um código que serve para codificar e decodificar mensagens que preexistem a ela e, mesmo considerando as especificidades de um ato de fala, não é para ser vista como mera possibilidade de operacionalização de efeitos de sentido numa determinada situação de interação verbal.

Franchi (1977), ao tratar da concepção de língua e linguagem nas diversas correntes lingüísticas, comenta:

---

1. A noção de disciplina aqui referida é apresentada por Foucault (1973, pp. 29 ss.) como um dos mecanismos de controle do discurso. Para o autor a disciplina "é aquilo que é requerido para a construção de novos enunciados"; é um princípio de controle de produção de discurso. Ela lhe fixa os limites pelo jogo de uma identidade que tem a forma de uma reatualização permanente das regras. Ao escapar às regras da disciplina, corre-se sempre o risco, porque para fora de suas margens há "toda uma teratologia do saber [...] mas, talvez, não haja erros em sentido estrito, porque o erro só pode surgir e ser decidido no interior de uma prática definida".

Uma perspectiva mais atraente para uma teoria da linguagem [...] aquela que considera a linguagem e as línguas naturais a partir de noções correlacionadas com a função de comunicação. De um modo geral, entende-se nessa tendência que os princípios universais da linguagem somente se isolam e compreendem satisfatoriamente em referência à noção de "comunicação", básica na definição de diferentes funções da linguagem. Esta se situa em relação a seu uso social, aberta aos fatores que a condicionam e determinam na interação dos interlocutores, em suas relações com o mundo e a cultura. Tal assunção básica forma o tom de fundo comum a diversas correntes lingüísticas. Corresponde-lhes uma filosofia da linguagem, embora a diferença de propósitos, de métodos, conduza em cada caso a desenvolvimentos teóricos diferentes. (Franchi, 1977, p. 10.)

Na perspectiva de Franchi, uma concepção "comunicacional" de linguagem ainda não responde aos propósitos de suas indagações, uma vez que esta perspectiva procura descrever algo como a face externa da linguagem, isto é, como a linguagem funciona no ato da comunicação. Por isso são invocados fatores como "intenção", "função" social, "situação", interlocutores, necessários a um viés que pretenda dar conta da empreitada da comunicação entre dois parceiros de linguagem. Esse viés, de todo modo, não busca analisar como afinal os parceiros da comunicação realizam tal tarefa, como são as relações entre as faces sintática e semântica da língua que vão se adaptar ao jogo da linguagem, no ato da interação verbal. A esse entendimento Franchi vai se contrapor, num estudo de averiguação da "face interna" da língua, uma vez que não fazê-lo implica perda de informações responsáveis pela possibilidade desse comportamento no próprio ato de comunicação.

A despeito do papel atribuído aos interlocutores no ato da comunicação, com suas intenções e orientações pelas quais fazem fluir a sua fala, a língua continua entendida como uma "ferramenta" social, um instrumento do qual se servem esses interlocutores. Ou seja, atribui-se aos sujeitos do discurso uma atuação relevante na constituição da fala, mas não se tira da língua a função maior de se oferecer como um instrumento através do qual os falantes realizam a comunicação:

> [...] Embora, pois, considerem a linguagem em um quadro geral da ação humana, a concepção funcionalista (implícita na teoria dos atos de linguagem) a limita por uma concepção instrumental, resultando ela um dentre outros mecanismos construídos pela coletividade, do almoxarifado de ferramentas com que o homem prolonga a sua ação sobre o mundo e sobre os outros. Contrapomos: a atividade lingüística, além de envolver a realização de funções sociais exteriores, em que a linguagem aparece como possibilitando tarefas de ocasião, realiza-se em uma multiplicidade de operações (em sentido intuitivo) subjacentes, interiores ao sujeito, de que a configuração superficial das expressões é traço revelador. Não se reduz, assim, essa atividade ao ato mesmo de enunciar, em que se utiliza o sistema lingüístico para a articulação de inúmeros discursos possíveis, carregando um sentido responsável pelos seus efeitos. (Franchi, 1977, pp. 19-20.)

Não interessa discutir aqui as diversas correntes lingüísticas e da filosofia da linguagem que deram e criaram espaço para o estudo da língua como algo mais abrangente do que o pressupõem as tradicionais visadas lingüísticas, européia e americana. Reconhecendo-lhes o valor, a pertinência e a importância de suas reflexões para o avanço dos estudos sobre a língua, registre-se delas, entre outros méritos, a possibilidade que instauraram de inserir a questão da subjetividade na língua, com a atuação dos sujeitos interlocutores sobre o seu discurso, numa situação dada. Entretanto, é preciso pensar a língua não como esse instrumento, um sistema de signos ou de regras pronto e acabado, de que se servem os interlocutores, cuja subjetividade é realçada principalmente quando se está diante daqueles elementos da língua de significação apreensível apenas quando se considera a situação efetiva de comunicação lingüística: os dêiticos. Mas, se a língua não é um sistema uno e pronto, de que se constitui afinal?

Segundo Osakabe (1979), a linguagem tem por fulcro o evento, faz-se na linha do tempo e só tem consistência enquanto "real" na singularidade do momento em que se enuncia. Vista assim pode-se apreender melhor a dinâmica das relações que se estabelecem no momento em que há um ato de linguagem em curso, ressaltando-se os aspectos processuais como fundamentos do estudo:

> Não há nada imanente na linguagem, salvo sua força criadora e constitutiva, embora certos "cortes" metodológicos e restrições possam mostrar um quadro estável e constituído. Não há nada universal, salvo o processo – a forma, a estrutura dessa atividade. A linguagem, pois, não é um dado ou resultado; mas um trabalho que "dá forma" ao conteúdo variável de nossas experiências, trabalho de construção, de retificação do "vivido", que ao mesmo tempo constitui o sistema simbólico mediante o qual se opera sobre a realidade e constitui a realidade como um sistema de referências em que aquele se torna significativo. Um trabalho coletivo em que cada um se identifica com os outros e a eles se contrapõe, seja assumindo a história e a presença, seja exercendo suas opções solitárias. (Franchi, 1977, p. 22.)

A língua é um trabalho de construção dos homens, um trabalho que a um só tempo ocupa-se do seu fazer e refazer contínuos, em um debruçar-se sobre si mesma, e opera na construção da realidade como um sistema de referências sobre o qual essa construção vai significar. Tudo é filtrado pela linguagem num trabalho de eterno refazer. Pense-se numa "sistematização aberta" (como postula Geraldi, 1991) que seja um processo em andamento, nunca concluído e sempre atendendo às exigências de uma relação de comunicação entre os homens e "atendendo à intervenção entre os homens e o mundo". A cada um dos homens cabe uma parcela de "contribuição" na "feitura" sempre vivificada que é o trabalho da linguagem, o que significa dizer que a língua, o recorte que se faz, por qualquer que seja o motivo, é um produto da linguagem que se pratica em constante mutação, para a qual concorrem todos os homens. Possenti (1988) tem uma passagem bastante feliz para explicitar esse trabalho coletivo:

> Optando pelo conceito de constituição, quer-se ressaltar que as línguas são resultados do trabalho dos falantes. Se foi o trabalho de todos os que falaram uma língua que a levou a um determinado estágio, seria incongruente imaginar que, neste estágio, os falantes não trabalham mais, apenas se apropriam do produto. Por outro lado, como nem todos os que trabalham por uma língua são iguais, é de se esperar que o produto apresente irregularidades, desigualdades, traços enfim, da trajetória de cada um dos elementos constituidores de uma língua. (Possenti, 1988, p. 57.)

Os homens, a cada momento de suas interações verbais, estão realizando essa "tarefa" de feitura e refazimento do próprio sistema simbólico com o qual operam na constituição da realidade como um "sistema de referências", não sendo esse sistema de referências, naturalmente, a realidade, mas a resultante de um trabalho de linguagem sobre essa realidade, feito por cada povo, com a sua cultura, num permanente jogo de interação com outros sistemas de relações com o mundo e com o outro.

O momento da interação verbal, então, em que se "dá", em que "acontece" a atividade constitutiva da linguagem de que se vem tratando, é momento privilegiado de produção de linguagem, de produção de significação, quando os processos de significação acontecem, se põem à vista, se mostram, quando enfim a linguagem se "realiza". Com Geraldi (1991) tem-se muito claro o que significa tomar como ponto de partida a interação verbal para o estudo da língua:

> Focalizar a interação verbal como o lugar da produção da linguagem e dos sujeitos que, neste processo, se constituem pela linguagem significa admitir:

a. que a língua (no sentido sociolingüístico do termo) não está de antemão pronta, dada como um sistema de que o sujeito se apropria segundo suas necessidades específicas do momento da interação, mas que o próprio processo interlocutivo, na atividade de linguagem, a cada vez a (re)constrói;
b. o que os sujeitos se constituem como tais à medida que interagem com os outros, sua consciência e seu conhecimento do mundo resultam como "produto" deste mesmo processo [...];
c. que as interações não se dão fora de um contexto social e histórico mais amplo: na verdade, elas se tornam possíveis enquanto acontecimentos singulares, no interior e nos limites de uma determinada formação social, sofrendo as interferências, os controles e as seleções impostas por esta. (Geraldi, 1991, pp. 6-7.)

Entender esse quadro proposto por Geraldi é já inseri-lo dentro de uma concepção de estudo da língua que releve de uma teoria do discurso. Só mesmo na situação efetiva de fala entre um *eu* e um *tu*, numa situação concreta de enunciação, é que esses elementos estarão assim configurados. Para uma teoria do discurso compatível com os propósitos aqui esboçados, retomem-se as reflexões de Osakabe (1979):

Do ponto de vista de sua natureza, o discurso se caracteriza inicialmente por uma maior ou menor participação das relações entre um eu e um tu; em segundo lugar, o discurso se caracteriza por uma maior ou menor presença de indicadores da situação; em terceiro lugar, tendo em vista sua pragmaticidade, o discurso é necessariamente significativo na medida em que só se pode perceber sua existência enquanto ligada a um processo pelo qual eu e tu se aproximam pelo significado; e finalmente o discurso tem sua semanticidade garantida situacionalmente, isto é, no processo de relação que se estabelece entre suas pessoas (eu/tu) e as pessoas da situação, entre seus indicadores de tempo, lugar, etc., e o tempo, lugar e situação da própria enunciação. (Osakabe, 1979, p. 21.)

Nessa passagem Osakabe busca precisar o conceito de "discurso". Aí se encontram os elementos dos quais não se pode prescindir num tipo de análise como a que aqui se faz. Somente a partir, primeiramente, dessa "aproximação entre um eu e um tu", com relações de variada intensidade entre seus figurantes, numa situação determinada social e historicamente garante-se a semanticidade do que é dito. Essa perspectiva permite compreender a linguagem como lugar em que os interlocutores se constituem como sujeitos, constroem-se nessa relação e participam da construção da língua e do sistema de referências sobre o mundo, relação em que o sistema simbólico passa a existir.

Chega-se assim a um primeiro plano de um panorama conceitual a partir do qual devem-se apoiar as análises dos dados: esta concepção de lingua(gem) orienta a análise dos dados, vistos pela ótica de uma lingüística que referenda uma teoria do discurso como o caminho que oferece maiores possibilidades de compreensão do modo constitutivo das expressões lingüísticas e de sua significação bem como dos sujeitos na situação dialógica de fala.

A cada um dos três eixos a partir dos quais Geraldi (1991) montou seu quadro, vai corresponder um elemento de interesse e de averiguação das indagações que orientam o estudo: que sujeitos são esses que falam nos dados? Como "desempenham" o seu "papel" de sujeitos na empreitada lingüística em que estão inseridos, nesse trabalho de construção e de reconstrução do sistema simbólico? Retomando as palavras de Franchi (1977), inspirador dessas reflexões de Geraldi, trata-se de buscar elementos para compreender como se dá esse trabalho de "construção, de retificação do "vivido", que ao mesmo tempo constitui o sistema simbólico mediante o qual se opera sobre a realidade e constitui a realidade como um sistema de referências em que aquele se torna significativo"; como se configuram as interações verbais onde tudo isso acontece, caracterizadas como acontecimentos singulares, no interior e nos limites de uma determinada formação social, sofrendo as interferências, os controles e as seleções impostas por esta (Geraldi, 1991).

Embora esse "esquema" de indagações mostre que tudo deve ser tratado como um grande e complexo painel, em que cada elemento só pode ser visto na relação com o outro elemento (como tratar o sujeito sem falar do seu trabalho de atividade lingüística, inserido numa situação específica e determinada de interação verbal?), o que motivou o estudo e o orienta está centrado no que Franchi conceituou como "sistema de referência", essa construção operada sobre a realidade do homem, mas que não se define como a própria realidade e sim como o elemento "filtrado" da realidade, num trabalho lingüístico feito pelo falante, o sujeito da língua. E em verificar como esse "produto" lingüístico, não acabado e não pronto, nele significa. É como dizer que não se fala da realidade, posto que isso implicaria dizer que a realidade está para um lado e a lingua(gem) para o outro, e ambas se relacionam, instrumentalmente, quando se "está" numa situação de comunicação lingüística; mas, antes, dizer que falar da realidade, comunicar-se, informar, referir ou "dar formato ao pensamento" é entender que tudo se apóia na linguagem, no trabalho lingüístico operado pelo homem sobre a realidade. Esta não é outra coisa senão esse trabalho lingüístico, operado conjuntamente com outros diversos sistemas culturais, antropológicos, com que o homem prolonga sua ação sobre o mundo e sobre os outros (Franchi, 1977).

Mikhail Bakhtin, em seus trabalhos *El signo ideológico y la filosofía del lenguaje* e "Os gêneros do discurso"[2], faz um resumo crítico dos estudos lingüísticos até então realizados: neste último texto, Bakhtin critica as funções de "ouvinte" e de "receptor" do modo como são entendidas na Linguística (mesmo a de Saussure) e a representação da comunicação verbal, através de esquemas ativos da fala do locutor e de esquemas passivos de percepção no receptor. Para o autor,

2. BAKHTIN, M. (V. Voloshinov). *El signo ideológico y la filosofía del lenguaje*, 1976 (as citações traduzidas desta obra, bem como de qualquer outra referência bibliográfica em língua estrangeira, são de minha responsabilidade) e "Os gêneros do discurso", in *Estética da criação verbal*, 1992.

isto não "corresponde a certos aspectos reais quando se pretende representar o todo real da comunicação verbal". E ele complementa:

[...] De fato, o ouvinte que recebe e compreende a significação (lingüística) de um discurso adota simultaneamente, para com este discurso, uma atitude *responsiva ativa*: ele concorda ou discorda (total ou parcialmente), completa, adapta, apronta-se para executar, etc., e esta atitude do ouvinte está em elaboração constante durante todo o processo da audição e de compreensão desde o início do discurso, às vezes já nas primeiras palavras emitidas pelo locutor. (Bakhtin, 1992, p. 290.)

A relação que se dá numa comunicação deve ser pensada, pois, como uma interação verbal em que ambos os parceiros têm uma participação ativa.

Para o autor, a palavra, a oração são realidades da língua que se vivificam no ato da fala, aí elas se tornam enunciados completos, com a aptidão de desencadear uma atitude responsiva ativa por parte do locutor. Só no momento da interação verbal é que se pode estudar a lingua(gem), posto que é aí que o locutor se posiciona de acordo não somente com o que Bakhtin chama de *objeto de sentido* mas também de acordo com o seu destinatário. Nesse momento se faz o enunciado, que já não é uma unidade da língua, mas "uma unidade real da comunicação verbal", sendo esse enunciado sempre uma resposta a outros enunciados do próprio locutor ou de outrem e sempre apto a despertar no ouvinte (o interlocutor) uma atitude responsiva ativa.

A significação neutra de uma palavra, relacionada com uma realidade efetiva, nas condições reais de uma comunicação verbal, sempre provoca o lampejo da expressividade. É precisamente isso que se dá no processo de criação de um enunciado. Repetimos: apenas o contato entre a significação lingüística e a realidade concreta, apenas o contato entre a língua e a realidade – que se dá no enunciado – provoca o lampejo da expressividade. Esta não está no sistema da língua e tampouco na realidade objetiva que existiria fora de nós. (Bakhtin, 1992, p. 311.)

Para Bakhtin, a palavra, o signo linguístico tem importante papel na formação da consciência nos indivíduos e na formação das ideologias nas sociedades. Criticando a "filosofia idealista da cultura e os estudos culturais psicologistas que colocam a ideologia na consciência e afirmam que a ideologia é um fato de consciência", diz:

[...] a compreensão só pode se produzir em um material semiótico (por exemplo, a fala interna), o signo se dirige ao signo, a consciência mesma pode surgir e chegar a constituir um fato possível somente na concreção material dos signos. A compreensão de um signo é, afinal, um ato de referência entre o signo apreendido e outros signos já conhecidos; em outras palavras, a compreensão é uma resposta a um signo com signos [...]. Essa cadeia ideológica se estende de consciência individual a consciência individual, conectando-as entre si. Os signos surgem somente no processo de interação entre uma consciência individual e outra. E a própria consciência individual está cheia de signos. A consciência é consciência somente quando se preencheu de conteúdo ideológico (semiótico), e portanto, só no processo de interação social. (Bakhtin, 1976, pp. 21-2.)

Interessado que está nos processos ideológicos que se instalam nas sociedades, Bakhtin recusa-se a pensar a ideologia como uma questão interna do indivíduo, localizada em sua consciência, imune às forças das relações semióticas que se instalam entre os indivíduos de uma comunidade:

Seu verdadeiro lugar [do ideológico] na existência está na matéria social específica dos signos criados pelo homem. Sua especificidade consiste precisamente em sua ubiquação entre indivíduos organizados, para os quais constitui o meio de comunicação.
Os signos só podem aparecer em território interindividual. É um território que não se pode chamar de natural na

acepção direta do termo: os signos não aparecem entre dois membros quaisquer da espécie *Homo sapiens*. É essencial que os dois indivíduos estejam organizados socialmente, que componham um grupo (uma unidade social); só então pode tomar forma entre eles o meio dos signos. A consciência individual não só não se pode usar para explicar nada, mas, ao contrário, ela mesma necessita ser explicada a partir do meio ideológico e social.
A consciência é um fato ideológico social. (Bakhtin, 1976, p. 23.)

Se a formação da consciência deve ser explicada pela relação entre os homens, socialmente organizados por meio de uma realidade semiótica, na comunicação social, é na linguagem que se deve buscar melhor a compreensão da ideologia: "a palavra é o fenômeno ideológico por excelência". Sendo um signo neutro, a palavra pode desempenhar "funções ideológicas de qualquer tipo: científicas, estéticas, éticas e religiosas". E não só isso, mas principalmente por tal desempenho ocorrer na área que não pertence a nenhuma esfera particular de ideologia, a área da comunicação humana, da conduta humana. Segundo Bakhtin (1976, p. 25), "este tipo de comunicação é extraordinariamente rico e importante", vinculado ao processo de produção, e é tangenciado por esferas das ideologias especializadas e desenvolvidas.

A palavra, vista do ângulo do autor (Bakhtin, 1976), tem a propriedade de ser o "meio primordial da consciência individual". É a palavra que vai funcionar como o signo interno, a fala interna, a que não chega a ser expressa. Isso se deve ao fato de a palavra funcionar como ingrediente que acompanha todas as ações do ser humano: "A palavra acompanha e comenta todos e cada um dos atos ideológicos. [...] Todas as manifestações da criatividade ideológica – todos os outros signos não verbais – estão imersas, suspensas nos elementos da linguagem e não podem ser totalmente segregadas e divorciadas deles" (1976, p. 26).

O papel da palavra como signo ideológico merece aqui atenção maior, posto que ao se examinarem as falas dos sujeitos deste estudo, o que é focalizado é justamente o conteúdo de suas falas, o que Bakhtin chama de *objeto de sentido* do enunciado. Ou, excluídos alguns pontos não exatamente coincidentes, o que Franchi chamou de *sistema de referência*. Note-se que há um objetivo nas entrevistas que é o de saber o que esses meninos/adolescentes de rua pensam sobre os assuntos elencados pelo roteiro. Por isso interessa ver como Bakhtin desenvolve a questão da palavra como signo ideológico, formador das consciências dos indivíduos. A palavra lançada no ato da comunicação social entre dois indivíduos organizados socialmente terá a função não de conduzir idéias fomentadas na consciência de cada indivíduo ou de servir como meio de transmissão de conteúdos de um sistema de conhecimentos do homem sobre a realidade, mas de participar na criação de formas de entendimento, compreensão e expressão das relações do homem com o mundo e com os outros homens.

As propriedades da palavra como signo ideológico [...] fazem da palavra o material mais adequado para examinar todo o problema em seus termos básicos. O que importa da palavra a este respeito não é tanto sua pureza semiótica mas sua colocação social. A palavra está envolvida praticamente em todos e em cada um dos atos ou contatos entre as pessoas: na colaboração com o trabalho, nas discussões das idéias, nos contatos casuais da vida cotidiana, nas relações políticas, etc. Incontáveis fios ideológicos atravessam todas as áreas do intercâmbio social e registram sua influência na palavra. Ela, portanto, é o índice mais sensível das mudanças sociais e até das mudanças que ainda não lograram o estatuto de uma nova qualidade ideológica, e que não geraram ainda novas formas ideológicas plenamente maduras. A palavra tem a capacidade de registrar todas as delicadas fases transitórias e momentâneas da mudança social. (Bakhtin, 1976, p. 31.)

O estudo que contempla a inserção do indivíduo na esfera social, a psicologia social, deve situar-se na interação verbal, "sua real existência material". A psicologia social está fora dos sujeitos que se comunicam, ela existe "na palavra, no ato, no gesto". Ela se mostra nos intercâmbios, mostra-se compreendida no material da palavra. Essas formas de intercâmbios lingüísticos "operam em conexão muito estreita com as condições da situação social em que se produzem e mostram uma extraordinária sensibilidade a todas as flutuações na atmosfera social" (Bakhtin, 1976, p. 32). E aqui o autor já aponta para as diversidades de situações e intercâmbios sociolingüísticos que se realizam, para os alcances dos contatos verbais, para as possibilidades desses contatos; e, dessa diversidade, derivam as diversas formas e os temas dos atos de fala.

Examinando, então, a questão da inserção do indivíduo na sociedade, da formação da consciência nos indivíduos, Bakhtin rediscute a temática da psicologia social, que deve considerar o indivíduo na relação que estabelece com os outros homens por meio da realidade semiótica.

> A psicologia social é antes de tudo uma atmosfera integrada por uma grande variedade de atos de fala, na qual estão imersas todas as classes e formas persistentes de criatividade ideológica: discussões privadas, intercâmbios de opiniões no teatro ou em um concerto ou em diversas classes de reuniões sociais, intercâmbios das palavras puramente casuais, o modo de reação verbal de cada um ante os sucessos da própria vida e da existência cotidiana, o modo verbal interno de auto-identificar-se e de identificar a própria situação na sociedade, etc. A psicologia social existe em primeiro lugar em uma ampla variedade de formas de "enunciados", de gêneros menores de fala de tipo interno e externo, aspectos esses que até hoje não foram estudados [...].
>
> [...] E aqui, no funcionamento interno desta psicologia social materializada verbalmente, acumulam-se as mudanças e as mutações apenas perceptíveis que mais tarde encontrarão sua expressão em produtos ideológicos totalmente desenvolvidos. (Bakhtin, 1976, p. 32.)

A produção lingüística do indivíduo não é mero exercício de apropriação da língua como sistema, não é na língua que os elementos da sua expressão serão encontrados. Só no enunciado, que se efetiva, que se constitui na interação verbal, numa situação determinada, diante de um ouvinte (real ou imaginário), o sujeito falante toma a seu modo a linguagem e expressa a sua fala interna, por sua vez, constituída à base de outras interações verbais, de outros enunciados anteriormente proferidos e/ou ouvidos. Num encontro com o semelhante, em ocasiões diversas, na sua existência cotidiana, o sujeito acaba por se identificar e identificar sua posição na organização social. Essas formas de interação estão determinadas pelas relações de produção e pela ordem sociopolítica que criam a organização hierárquica das enunciações.

Essas reflexões de Bakhtin apontam para uma convergência com as idéias de Michel Foucault (1973, p. 1) sobre os mecanismos de controle da produção do discurso: "[...] em toda sociedade, a produção discursiva é a um tempo controlada, selecionada, organizada e redistribuída por um certo número de procedimentos [...]".

Geraldi (1991) esboça, a partir de Foucault, um quadro esquemático e elucidativo desses mecanismos de controle, configurando-os como

"a) procedimentos de exclusão;
b) procedimentos de classificação, ordenação e distribuição;
c) procedimentos de rarefação dos sujeitos falantes que estabelecem limites aos discursos possíveis e às interações verbais onde esses discursos se produzem" (p. 61).

Na ótica de Bakhtin, as formas de comunicação verbal são determinadas pelas relações de produção e pela organização sociopolítica, e nessas relações se configuram, também, mecanismos de controle de produção discursiva. Ambos os pontos de vista apontam, então, para a acessibilidade ou não dos falantes de uma língua à livre expressão, isto é, à variedade de formas de comunicação verbal, de interação lingüística. Nem todos podem falar de qualquer tema, de qualquer assunto; não estão todos aptos a se pronunciar sobre o que quer que seja em sua língua, nas diversas situações em que isso se imponha. Em Bakhtin, as próprias enunciações registradas pelo falante nos diversos encontros sociais, eventos, nas considerações que faça e de que participe, com seus companheiros, serão as fontes nas quais o sujeito da linguagem encontrará o "material" semiótico para a constituição de sua consciência, de sua expressão. É nessas situações de enunciação que se dará a seleção do que pode e não pode, do que deve e não deve ser dito. Nesse sentido, em Bakhtin, os "mecanismos de controle" são internalizados pelos sujeitos nos próprios processos de constituição discursiva e semiótica da consciência.

Para Foucault (1973), os mecanismos de controle são externos ao indivíduo, configurando regras de outro tipo: um indivíduo X poderá ou não expressar seu pensamento sobre alguma coisa dada desde que apresente ou não condições para tal. A possibilidade de expressão ou não dar-se-á ora pela via do assunto, ora pela credibilidade ou não dada ao sujeito que a profere, ora pelo próprio enunciado ser ou não dado como uma verdade; e pelo cruzamento entre esses aspectos.

Também no estudo dos gêneros discursivos encontra-se o mesmo tema constante em Bakhtin a propósito da atividade lingüística como *locus* de constituição intersubjetiva do sujeito. Inserido no mundo que o vê nascer e crescer, o indivíduo "assimila" os enunciados normativos da época em que vive:

> [...] são obras científicas, literárias, ideológicas, nas quais as pessoas se apóiam e às quais se referem, que são citadas, imitadas, servem de inspiração. Toda época, em cada uma das esferas da vida e da realidade, tem tradições acatadas que se expressam e se preservam sob o invólucro das palavras, das obras, dos enunciados, das locuções, etc. Há sempre certo nú-

mero de idéias diretrizes que emanam dos "luminares" da época, certo número de objetivos que se perseguem, certo número de palavras de ordem, etc. Sem falar do modelo das antologias escolares que servem de base para o estudo da língua materna e que, decerto, são sempre expressivas. É por isso que a experiência verbal individual do homem toma forma e evolui sob o efeito da interação contínua e permanente com os enunciados individuais do outro. É uma experiência que se pode, em certa medida, definir como um processo de *assimilação*, mais ou menos criativo, das *palavras do outro* (e não das *palavras da língua*). Nossa fala, isto é, nossos enunciados (que incluem as obras literárias) estão repletos de palavras *dos outros* caracterizadas, em graus variáveis, pela alteridade ou pela assimilação, caracterizadas, também em graus variáveis, por um emprego consciente e decalcado. As palavras dos outros introduzem sua própria expressividade, seu tom valorativo, que assimilamos, reestruturamos, modificamos. (Bakhtin, 1992, pp. 313-4.)

Para o pensamento saussuriano (chamado pelo autor de "objetivismo abstrato"), a língua é um sistema de signos fixo, uno, determinado em suas relações sintático-semânticas, utilizado pelo falante para expressar seus pensamentos. Os pensamentos nascem então unicamente na consciência do indivíduo, algo que a psicologia explicaria. E esse pensamento nascido do indivíduo seria expresso, corporificado na matéria dos signos lingüísticos-verbais. Por esse prisma o indivíduo seria o "responsável" por suas idéias. Já na visão de Bakhtin há uma relação mais forte entre a linguagem e a formação da consciência:

> Afora o fato de que a palavra como signo é um empréstimo que o falante toma do repertório social de signos disponíveis, a manipulação realmente individual deste signo social em uma emissão concreta está totalmente determinada pelas relações sociais. A individualização estilística de um enunciado, de que falam os vosslerianos, representa um reflexo das inter-relações sociais que constituem a atmosfera em que se forma um enunciado. *A situação social imediata e o meio social*

capítulo 1 • 17

mais amplo determinam totalmente – e desde dentro – a estrutura do enunciado. (Bakhtin, 1976, pp. 108-9.)

A ótica sob a qual Bakhtin vê a comunicação lingüística, autorizando apenas a interação verbal como o espaço onde a língua realmente vive, e onde se deve estudá-la, permite entender a lingua(gem) num viés que converge para as reflexões, já expostas, que apontam para a linguagem fazendo-se no tempo de sua realização, no momento de aproximação entre dois interlocutores, momento este determinado historicamente; que apontam para os sujeitos atuando sobre a língua, ao mesmo tempo que eles próprios também não são dados como sujeitos prontos, acabados, mas sujeitos que se constroem no ato da comunicação verbal.

Na interação verbal, bebendo na fonte dos enunciados já proferidos (seus e de outrem), o sujeito vai se construindo, vai se fazendo ao tempo que também vai impondo, através de sua fala, uma marca sobre a lingua(gem). É no ato da comunicação verbal que o sujeito vai organizando sua experiência, que sua fala interna vai se corporificando, que sua consciência vai tomando forma. Para Bakhtin "a experiência não organiza a expressão. A expressão é que dá primeiro à experiência sua forma e especificidade de direção" (1976, p. 31).

O sujeito da lingua(gem), tal como configurado pelas reflexões de Bakhtin e pelos autores aqui invocados, é um sujeito atuante, sempre em formação, que, inserido no meio de uma comunicação verbal, estará sempre contribuindo para a constituição da linguagem e do sistema de referência sobre o qual este construto lingüístico significará. A sua fala terá a sua expressividade, nos termos de Bakhtin, e será marcada pela sua individualidade, no seu trabalho com a linguagem; ao mesmo tempo, será impregnada de outros falares, de outras vozes, como bem ressalta o mesmo autor, posto que o seu desempenho lingüístico (sem que este termo tenha nenhuma correspondência com o termo *performance* de Chomsky) *"nasce"* e se alimenta do caldo cultural em que ele vive, onde se dão as situações de enunciação.

É importante observar que as contribuições desses autores, no que diz respeito à concepção de lingua(gem) e ao entendimento do que seja o sujeito do discurso, não se justapõem nem se encaixam sem arestas. Há diferenças entre uma e outra abordagem, entre um e outro pontos de vista. Em Franchi (como em Geraldi e em Possenti) há uma preocupação central com a questão da natureza especificamente lingüística, do fazer lingüístico, da constituição da linguagem, no sentido do trabalho que se faz no ato de fala. Para esse autor, é no momento da fala que se dá algo como um "acionamento" do mecanismo de fazer linguagem, a partir de um sistema de signos indeterminado sintática e semanticamente, se considerado fora do uso, fora do momento em que a linguagem se torna linguagem: no ato de fala entre dois indivíduos. Esse sistema, considerado assim indeterminado, no momento da fala como que assume uma forma fixa, ditada pelas condições de situação, pelas intenções dos interlocutores, pelos meios culturais e antropológicos partilhados em que esses sujeitos se apóiam, se locomovem. Veja-se o que diz o autor:

> [...] Se retomarmos as considerações que se fizeram sobre o caráter prático e primitivo da linguagem, as relativas a sua indeterminação semântica, as que se fizeram sobre a noção de contexto e situação [...], há-se de compreender por que as línguas naturais se dispensam de premunir-se de um sistema rigoroso de traços distintivos pertinentes que lhe assegurem, ao nível agora das expressões, coerência, univocidade, não-ambigüidade. Não se pode assumir o pressuposto estruturalista de que todas as "partes" do significado, relações subjacentes, delimitação dos indivíduos que participam de um determinado estado de fato, expresso nas orações, tudo corresponde a marcas sintáticas específicas que o explicitam.[...] Por outro lado, sabe-se de sobra como, ao nível do sintagma e da oração, não se poderia propor antecipadamente um inventário exaustivo das possibilidades de utilização dos inúmeros traços categoriais oferecidos pela cadeia sonora e por associações semânticas [...]. Elas se prestam a inúmeras

"estratégias" entre recursos concorrentes, redundantes, complementares que dispensam a linguagem de construir uma sintaxe determinada completamente. (Franchi, 1977, p. 24.)

Embora não se encontre em Bakhtin afirmação explícita que defenda a existência de um sistema de signos sintática e semanticamente indeterminado, esta idéia se impõe quando o autor atribui ao sujeito do discurso uma expressividade que ele empresta ao enunciado no seu ato de fala. A língua em Bakhtin é algo de certa forma incompleto a que se dá certa "tonalidade" no momento da fala, tonalidade essa que concretiza as palavras e as orações em "enunciados", em unidades reais da comunicação verbal, dirigidas a um destinatário, tendo em vista esse destinatário (Bakhtin, 1992).

A situação concreta da comunicação verbal, em que atuam interlocutores que se revezam no papel de sujeitos da fala, a consideração especial do papel do ouvinte interlocutor, do qual se espera uma *atitude responsiva ativa* a propósito do objeto de sentido do enunciado, são fatores determinantes da configuração da expressão do sujeito:

> O enunciado é um elo na cadeia da comunicação verbal. Representa a instância ativa do locutor numa ou noutra esfera do objeto do sentido. Por isso, o enunciado se caracteriza acima de tudo pelo conteúdo preciso do objeto do sentido. A escolha dos recursos lingüísticos e do gênero do discurso é determinada principalmente pelos problemas de execução que o objeto do sentido implica para o locutor (o autor). É a fase inicial do enunciado, a qual lhe determina as particularidades de estilo e composição. (Bakhtin, 1992, p. 308.)

Há aqui um processo de escolhas de recursos lingüísticos mediante as relações do locutor (autor) com o objeto de sentido do seu enunciado. Este processo é marcado pela relação de interlocução de modo que a escolha dos recursos lingüísticos considera também o outro, parceiro da interação.

Na perspectiva constitutiva da linguagem de Franchi, ocorre um trabalho do sujeito sobre a linguagem e com a linguagem:

> Bem repetindo Humboldt, a linguagem é um processo, cuja forma é persistente mas cujo escopo e modalidades do produto são completamente indeterminados; em outros termos, a linguagem, em um dos seus aspectos fundamentais, é um meio de revisão de categorias e criação de novas estruturas. Nesse sentido, a linguagem não é somente um processo de representação, de que se podem servir os processos demonstrativos e conceituais, mas ainda uma prática imaginativa que não se dá em um universo fechado e estrito, mas permite passar, no pensamento e no tempo, a diferentes universos mais amplos, atuais, possíveis e imaginários. (Franchi, 1977, p. 23.)

Se há distinções entre as duas perspectivas, ressaltando uma o trabalho da linguagem e outra as relações com a alteridade e o dialogismo, direcionam suas reflexões para um mesmo ponto: mostrar que a língua não pode ser entendida como um sistema de signos fixo, pronto e à mão, de que se servem os falantes de uma língua para se comunicarem ou cumprirem qualquer outra função. Os interesses, os objetivos de estudo de um e outro autor são diferentes: para o lingüista brasileiro interessa mostrar a questão estritamente lingüística, a questão da natureza constitutiva do fazer linguagem; para o pensador russo, importante é desfazer a idéia de língua como um sistema de signos de interpretação unívoca, independente das condições de uso e da consideração dos interlocutores e suas intenções nos momentos de suas falas. Bakhtin quer mostrar, principalmente, que essa visão de língua conduz a uma concepção errônea de formação das consciências dos indivíduos: a lingua(gem), neste sentido, serviria apenas para "conduzir" o pensamento já construído na mente de cada homem, seria um meio de corporificação semiótica do que já havia sido elaborado anteriormente em sua mente. Ele se opõe a essa idéia. Entretanto, em ambas as abordagens, mostra-se que a língua é um trabalho dos homens, um trabalho coletivo, histórico, cujo resultado é a constituição de subjetividade ou de consciência.

Na expressão de Franchi (1977), a linguagem é o que dá forma ao conteúdo de nossas experiências, a construção do que foi vivido. O processo de construção do discurso se dá, para Bakhtin, através da reelaboração sobre aquilo que se ouviu de outros e sobre aquilo que já se proferiu. A fala nunca é totalmente do sujeito falante, ele não é o primeiro a falar daquilo, e o assunto ou o objeto de sentido de seu enunciado nunca é pela primeira vez mencionado:

> Pois nosso próprio pensamento – nos âmbitos da filosofia, das ciências, das artes – nasce e forma-se em interação e em luta com o pensamento alheio, o que não pode deixar de refletir nas formas de expressão verbal do nosso pensamento.
> [...]
> Mas em todo enunciado, contanto que o examinemos com apuro, levando em consideração as condições concretas da comunicação verbal, descobriremos as palavras do outro ocultas ou semi-ocultas, e com graus diferentes de alteridade. Dir-se-ia que um enunciado é sulcado pela ressonância longínqua e quase inaudível da alternância dos sujeitos falantes e pelos matizes dialógicos, pelas fronteiras extremamente tênues entre os enunciados e totalmente permeáveis à expressividade do autor. (Bakhtin, 1992, pp. 317-8.)

As vozes do discurso – a heterogeneidade discursiva

Relevante para o presente trabalho, a questão das vozes dos discursos, das palavras do *outro* no próprio discurso, também conhecido como fenômeno de polifonia, já anunciado por Bakhtin em seus escritos, é hoje das mais discutidas. Dela se ocuparam lingüistas como Ducrot, em seus trabalhos sobre pressuposição e negação, analistas do discurso entre os quais Authier-Revuz, Dominique Maingueneau, bem como filósofos como Michel Foucault, sobretudo em suas reflexões sobre as sociedades de discurso e sobre as formas de apropriação de discursos. A esse fenômeno dá-se hoje o nome de "heterogeneidade do discurso", que pode revelar-se, no contexto da análise do discurso, sob duas faces: heterogeneidade mostrada e heterogeneidade constitutiva, seguindo classificação de Authier-Revuz.

A heterogeneidade é um traço constitutivo do discurso, da sua organização. A diferença entre as duas modalidades de heterogeneidade diz respeito ao modo de expressão no discurso: heterogeneidade mostrada é a que se deixa perceber, é a que, muitas vezes, é deliberadamente exposta pelo locutor, por razões diversas e considerando sempre o seu interlocutor. Já a heterogeneidade constitutiva não se deixa apreender tão facilmente, está relacionada ao que Bakhtin salienta quando diz que é no enunciado (do seu ponto de vista) e não na oração (unidade da língua e não da comunicação) que o indivíduo apreende a língua, interpreta o significado, atribui sentido ao que ouve, incorporando-o e, mais tarde, emprestando-lhe sua expressividade. O discurso é sempre um pouco da fonte em que foi formado, de onde se origina, e não há uma fonte primeira. Em cada enunciado inteiramente novo, sempre se fala de algo que antes já foi abordado, por um outro locutor, ou pelo mesmo locutor, em outra condição histórico-social. É com as palavras do enunciado, situadas social, histórica e culturalmente, que se formam as consciências. E o discurso é a fonte primeira desta formação.

A heterogeneidade discursiva permite estabelecer que as relações entre o "exterior" do discurso e o seu "interior" são constitutivas: elas constituem o discurso, não se justapõem a ele. O discurso é feito dessa matéria mediada entre o elemento "exterior" e o seu "interior", sua natureza organizacional, com leis e restrições próprias.

> Dizer de um objeto que ele é heterogêneo é, via de regra, desvalorizá-lo. Entretanto, quando se fala de heterogeneida-

de do discurso, não se pretende lamentar uma carência, mas tomar conhecimento de um funcionamento que representa uma relação radical de seu "interior" com seu "exterior". As formações discursivas não possuem duas dimensões – por um lado, suas relações com elas mesmas, por outro, suas relações com o exterior – *mas é preciso pensar, desde o início, a identidade como uma maneira de organizar a relação com o que se imagina, indevidamente, exterior*. (Maingueneau, 1989, p. 75, grifos do autor.)

Das duas faces da heterogeneidade do discurso, a chamada heterogeneidade constitutiva é objeto de maior atenção na análise do material deste estudo. Interessa ver como se dão as relações das falas dos garotos com outros discursos possíveis que lhes atravessaram os caminhos. É importante estabelecer relações entre seus produtos discursivos e significações emanadas de outras fontes enunciativas. Trata-se de examinar como se constituem os discursos de garotos e garotas de rua, localizar origens enunciadoras dessas falas. Assim, o estudo contempla uma análise que caminha do discurso em direção ao interdiscurso. "Não se trata, contudo, de absorver os discursos em algum interdiscurso indiferenciado, mas de avançar na reflexão sobre a identidade discursiva", como lembra Maingueneau (1989, p. 111). Com efeito, a relação discurso/interdiscurso deve fazer vir à tona não elementos externos do discurso considerado, mas a própria natureza, a identidade, o ser do discurso: é na interdiscursividade que efetivamente um discurso se instaura, se faz.

Segundo Authier-Revuz (1982), há alguns fundamentos que as ciências humanas do século XX nos legaram e que funcionam como pilares da idéia da interdiscursividade e da presença constitutiva do outro no discurso. A psicanálise de Freud, pela leitura que dela faz Lacan, ao supor a "presença" do Outro, da alteridade, em relação ao sujeito psicanalítico, como um de seus elementos constitutivos, faz emergir, a um posto que não mais se pode ignorar, a figura do semelhante em interação permanente com o ser humano, em todas as frentes do seu desenvolvimento, de sua existência.

A lingua(gem), como elemento primordial da natureza do homem, não pode deixar de sofrer seus efeitos, não pode passar sem lhe render o tributo: "o outro" é uma presença constante na vida dos falantes de uma língua. Embora não seja a linguagem o objeto de estudo da psicanálise, é através dela que essa ciência atinge o seu próprio interesse: o inconsciente.

O outro pilar desse fundamento está, para Authier-Revuz, nos estudos de Bakhtin, na interação verbal que ele preconiza como a verdadeira instância onde ocorre a lingua(gem), o dialogismo e a interdiscursividade. Para tratar da heterogeneidade constitutiva do discurso, Authier-Revuz trabalha com as noções de interação e interdiscursividade de Bakhtin, e com a noção de sujeito tal como desenvolvido na psicanálise, mostrando como essas concepções estão integradas e como funcionam na constituição do discurso.

As marcas da heterogeneidade mostrada, vistas como uma mirada externa do sujeito sobre a sua própria linguagem, poderiam levar a supor que de fato o sujeito tem domínio da língua, e que, no momento em que concede espaço no seu texto à fala do outro, parece ser o maestro de seu próprio movimento. Para Authier-Revuz, o que ocorre entretanto é uma espécie de negociação:

> Todo discurso se mostra constitutivamente atravessado pelos "outros discursos e pelo discurso do Outro". O outro não é um objeto (exterior: do qual se fala) mas uma condição (constitutiva; por que se fala) do discurso de um sujeito falante que não é a fonte primeira desse discurso.
> [...]
> Minha hipótese é a seguinte: a heterogeneidade mostrada não é um espelho, no discurso, da heterogeneidade constitutiva do discurso; ela não é tampouco "independente"; ela corresponde a uma forma de negociação – obrigatória – do sujeito falante com esta heterogeneidade constitutiva – inelutável mas que lhe é necessário subestimar; e a forma "normal" desta negociação se aparenta ao mecanismo da denegação (Authier-Revuz, 1982, pp. 141-4.)

As formas da heterogeneidade mostrada não são as mais recorrentes nas falas dos meninos e meninas, objeto deste estudo. Mais importante e mais presente será a análise em torno da questão da polifonia do discurso como elemento constitutivo desses discursos. São, portanto, a interação verbal, o interdiscurso e o dialogismo noções fundamentais na consideração desses dados. No dialogismo de Bakhtin, a presença do outro – "que não é nem o duplo de alguém face a face, nem mesmo o "diferente", *mas um outro que o atravessa constitutivamente* (Authier-Revuz, 1982, p. 103, grifo da autora) – constitui esse outro como "o princípio fundador – ou que deveria ser reconhecido como tal – da subjetividade, da crítica literária, das ciências humanas em geral, etc. ..." (p. 103), nas palavras da autora, ao comentar trechos de Bakhtin citados em Todorov (1981)[3]:

> O homem não possui território interior soberano, ele está inteiramente e sempre em uma fronteira; olhando para o seu interior, ele olha nos olhos dos outros ou através dos olhos dos outros. [...]
> Tudo que me toca vem à minha consciência – a começar por meu nome – depois o mundo exterior passando pela boca dos outros (da mãe, etc.) com sua entonação [...] (p. 103).

A idéia de representação social

A esses conceitos de heterogeneidade mostrada e constitutiva do discurso tomados a Bakhtin nos trabalhos citados, e desenvolvidos por Authier-Revuz e Maingueneau, vai-se juntar uma outra noção lembrada pelo estudioso russo em seus escritos. Para falar das consciências dos indivíduos como fruto da interação dialógica, comenta a posição

---

3. Conforme a autora (op. cit.), as citações de Bakhtin são encontradas em TODOROV, T. *Mikail Bakhtine, le principle dialogique, suivi de Écrits du cercle de Bakhtine*. Paris, Seuil, 1981, p. 148, "concernentes à revisão do livro sobre Dostoievski em *Esthétique de la création verbale*".

da psicologia social descrevendo o que lhe parece dever ser o objeto de estudo daquela ciência: o indivíduo inserido no meio social estudado. É no social que as consciências se formam; é nas interações dos indivíduos com seus pares, em sua vida cotidiana, nos diversos eventos e momentos, que se absorve o elemento que formará o modo de pensar dos homens, através da matéria sígnica. Na matéria dos signos, do mundo dos signos, por via de sua natureza representativa, surgem as idéias, os raciocínios, brotam as afetividades, faz-se o pensamento, nasce o homem ser social.

A idéia de *representação* que emerge num meio social constituído não nasceu na psicologia social mas na sociologia, com Émile Durkheim, no século passado. Entretanto, é naquela ciência, sobretudo com Serge Moscovici, na França, que ela adquire os contornos que tem atualmente, notadamente na Europa, atingindo na Psicologia Social um estatuto de *teoria das representações sociais*.

Não interessa aqui fazer uma retrospectiva histórica desse conceito, bastando, para o que se pretende, tecer em linhas gerais o que significa e como vai ser trabalhado. A noção de representação social a ser aqui discutida é a que Moscovici propõe em seus trabalhos nas décadas de 60 e 70, os quais levam em conta sobretudo o papel da sociologia como sua predecessora e origem. Ou seja, a psicologia social desenvolvida por Moscovici, na Europa, tem um viés diferente dos estudos de psicologia social desenvolvidos na América do Norte, principalmente por propor a prevalência do social sobre o individual, da força das relações de interação social sobre a formação das representações que o homem faz do mundo.

Segundo Denise Jodelet:

> [Como fenômenos], as representações sociais se apresentam sob formas variadas, mais ou menos complexas. Imagens que condensam um conjunto de significados; sistemas de referência que nos permitem interpretar o que nos sucede e, até mesmo, dar um sentido ao inesperado; categorias que servem para classificar as circunstâncias, os fenômenos

e os indivíduos com quem temos algo a ver; teorias que permitem estabelecer fatos sobre eles. E, freqüentemente, quando se as compreende dentro da realidade concreta de nossa vida social, as representações sociais são tudo isso. (Jodelet, 1993, p. 472.)

O conceito de representações sociais a ser trabalhado aqui está circunscrito à questão da linguagem: são as representações sociais configuradas nas falas, nos discursos das pessoas. Sendo a linguagem o lugar, por excelência, onde se podem encontrar as representações de mundo com que o homem enfrenta e organiza a vida em sociedade, interessa ver de onde provêm, como se constituem, como se articulam representações até aparentemente contrárias ou contraditórias, enfim, como elas colaboram para a constituição das falas, do mundo conceitual dos discursos, no caso, do discurso dos meninos e meninas de rua. O conceito servirá como elemento de análise dos textos, como um instrumento que melhor permite a apreensão de referenciais semânticos, sistemas de orientação que compõem o discurso desses sujeitos marginalizados. Isso se faz com base no entendimento de que são as representações sociais que orientam o indivíduo em suas formas de ver, entender, interpretar e se relacionar com outros homens e com o mundo. Veja-se o que diz Jodelet a propósito da importância das representações sociais numa análise que quer trabalhar o conhecimento prático do homem:

> Assim, pois, a noção de representação social nos situa no ponto onde se cruzam a psicologia e o social. Antes de tudo, concerne à maneira como nós, sujeitos sociais, apreendemos os acontecimentos da vida diária, as características de nosso meio ambiente, *as informações que nele circulam* [grifo meu], as pessoas de nosso círculo, próximo ou distante. [...] Este conhecimento [do sentido comum] se constitui a partir de nossas experiências mas também das informações, conhecimentos e modelos de pensamento que recebemos através da tradição, da educação e da comunicação social. Deste modo,

este conhecimento é, em muitos aspectos, um conhecimento elaborado e compartilhado. Sob seus múltiplos aspectos, tenta essencialmente nesse contorno ambiente/meio compreender e explicar as idéias que povoam nosso universo de vida ou que surgem com ele, atuar sobre e com outras pessoas, situar-nos com respeito a elas, responder às perguntas que nos coloca o mundo, saber ler o que significa o descobrimento da ciência e o futuro histórico para a conduta de nossa vida. Em outros termos, trata-se de um *conhecimento prático*. Ao dar sentido, dentro de um incessante movimento social, a acontecimentos e atos que terminam por nos ser habituais, este conhecimento forja as evidências da nossa realidade consensual, participa na *construção social de nossa realidade* [...]. (Jodelet, 1993, p. 473, grifos da autora.)

Saliente-se um aspecto de constituição das representações sociais: elas resultam também de "informações que circulam no meio social". O foco desse trabalho é "interpretar" os dados como respostas em grande parte geradas a partir de informações que chegam aos sujeitos/meninos de rua como se fossem externas a eles, algo que não nasceu de suas relações mais básicas de experiência de vida. São de fato "informações", algo como "notícia", muito mais do que resultantes de suas vivências, seus contatos sociais e suas experiências concretas.

Num texto intitulado "Linguagem, pensamento e representações sociais", Lane (1994), para falar como se coordenam no homem a linguagem, o pensamento e as representações sociais, comenta, de maneira bastante pertinente, os trabalhos de Leontiev sobre a aquisição da língua materna:

A análise que Leontiev faz da aprendizagem da língua materna aponta para dois processos que se interligam necessariamente: se por um lado os significados atribuídos às palavras são produzidos pela coletividade, no seu processar histórico e no desenvolvimento de sua consciência social, e como tal se subordinam às leis histórico-sociais, por outro, os significados se processam e se transformam através de atividades e pensamentos de indivíduos concretos e assim se individualizam, se "subjetivam", na medida em que "retornam" para a objetividade sensorial do mundo que os cerca, através das ações que eles desenvolvem concretamente.

Desta forma os significados produzidos historicamente pelo grupo social adquirem, no âmbito do indivíduo, um "sentido pessoal", ou seja, a palavra se relaciona com a realidade, com a própria vida e com os motivos de cada um. (Lane, 1994, pp. 33-4.)

Essa passagem, além de mostrar sintonias entre os dois autores russos – Leontiev e Bakhtin – no que diz respeito à linguagem e sua aquisição, mostra a pertinência do conceito em análises de discursos que busquem detectar as referências conceituais que orientam o dizer dos sujeitos e em cujo sistema o discurso adquire sentido.

Na ótica da natureza preponderantemente polifônica dos discursos (através do estudo de sua heterogeneidade constitutiva), operar com o conceito pode lançar luz sobre a ponte entre a lingua(gem), o social e o indivíduo. Tenha-se em mente, porém, que o interesse não é analisar sociologicamente essas falas, mas absorver e compreender o que, no material linguístico-discursivo, é fronteiriço e, ao mesmo tempo, constitutivo da expressão verbal.

Capítulo 2 **Como transcorreu a conversa**

As entrevistas com os meninos se fizeram segundo um roteiro que contemplava um núcleo fixo de questões sobre os temas família, polícia, sociedade, desigualdade social, escola e, eventualmente, Igreja, responsabilidades sociais, razões de fuga para as ruas, soluções apontadas pelos próprios meninos para o problema do menor abandonado. Pretendia-se seguir, na medida do possível, o caminho traçado no roteiro, questionando os assuntos ali levantados. A análise dos dados, entretanto, refere-se somente aos cinco primeiros temas, por serem eles os mais recorrentes e os mais significativos para os objetivos a que se propôs a pesquisa.

As crianças/adolescentes contactados não tinham, até o momento da entrevista, conhecimento de qual seria o objeto da conversa com aquela "professora" que apareceu na Instituição para falar com eles. Sabiam apenas que ela gostaria de ter uma conversa com eles. Assim, não havia nada previamente conhecido, muito menos discutido com esses meninos, para que mais tarde se posicionassem sobre o que lhes fosse solicitado. Nada há antes da entrevista, a não ser os temas-objeto da pesquisa, de conhecimento apenas da pesquisadora e da diretora da instituição de acolhimento. É óbvio que, após a primeira entrevista, os garotos ainda não ouvidos tiveram a oportunidade de conhecer um pouco o teor da conversa através do colega entrevistado, já que todas os encontros foram realizados numa mesma instituição para os meninos, e numa outra para as meninas. Os temas selecionados foram pensados como questões que fizessem desencadear respostas de cunho dissertativo, sob a forma de comentários. E pressupunham a participação do entrevistador/pesquisador, nos moldes de uma entrevista em que, a cada pergunta do entrevistador/pesquisador, o entrevistado respondesse no seu turno de fala, sem constituir esse pesquisador como seu efetivo interlocutor, isto é, sem pressupor um verdadeiro diálogo entre duas pessoas, em que uma se coloca como sujeito de fala e institui o outro como seu interlocutor que, por sua vez, também será sujeito em seu turno de fala. Entretanto, a natureza dialógica da linguagem e as dificuldades surgidas na própria entrevista, o silêncio e as respostas insuficientes, fizeram a pesquisadora se envolver e colocar como verdadeiro interlocutor, com seu turno de fala em que também é sujeito. A entrevista passou então a fluir como uma conversa entre dois parceiros de comunicação, sabendo-se, de antemão, do desequilíbrio ou da assimetria entre esses dois parceiros e levando-se esse fator em consideração.

As entrevistas, embora obedeçam a um roteiro, não têm todas a mesma feição, porque nem todas conseguiram contemplar todos os temas selecionados, muitas apresentam elementos novos não previstos, e têm desenvolvimento diferenciado que depende até mesmo do sujeito entrevistado; por exemplo, alguns são bastante reticentes e silenciosos; outros se empenham mais em responder ao que lhes é perguntado. Cada uma delas apresenta uma certa peculiaridade, mas todas contemplam a apreciação de pelo menos alguns dos assuntos abordados e obedecem mais ou menos a uma mesma ordem na seqüência de abordagem. As primeiras perguntas dizem respeito à identidade do entrevistado e a dados de vida durante a permanência nas ruas e antes dela. Só depois começam as questões que se constituem propriamente objeto de estudo:

— Para você, é importante ter família? Por quê? [...]

A fim de ver como se deu essa conversa, esse diálogo entre pesquisadora e menino de rua, foi selecionada uma dentre as quinze entrevistas gravadas, escolhida por não apresentar nenhum traço diferenciador mais forte em relação às demais, sendo considerada representativa da configuração geral que esses dados, como um todo, apresentam. Trata-se da entrevista de A.A., transcrita na sua íntegra a seguir.

As gravações apresentam algumas deficiências, a exemplo de passagens em que não se tem boa audibilidade da fala, o que resulta em falhas na transcrição. Para essas passagens problemáticas adotaram-se algumas marcas, na digitação, que consistem em: a) encerrar a palavra, sintagmas maiores ou menores e mesmo orações entre colchetes, indicando que tal expressão lingüística está sob suspeita; b) encerrar uma linha pontilhada também entre colchetes quando não se consegue nenhuma audição do segmento menor, em geral, uma palavra; c) encerrar duas linhas pontilhadas entre colchetes quando o segmento não audível é de extensão de uma oração ou maior. As respostas gestuais são indicadas também encerrando-se a palavra "gesto" entre colchetes; quando não há certeza do gesto (afirmativo ou não, ocorreu ou não), acrescenta-se um sinal de interrogação à palavra dentro do colchete [gesto?].

Para marcar no diálogo os momentos em que a fala de um dos participantes é interrompida pelo seu interlocutor, adotou-se um recuo maior na margem esquerda destacando a fala que começa a ocorrer quando ainda está acontecendo a fala do locutor, marcando a simultaneidade de turnos. Na transcrição houve também a intenção de deixar registrada a fala dos meninos/sujeitos da pesquisa sem preocupação de correção em nenhum nível. Quando a expressão tem uma forma fonológica e/ou morfossintática muito distante da forma padrão, segue-se a ela, entre colchetes, a forma do português padrão. Referências a ocorrências circunstanciais ou explicações eventuais são colocadas entre chaves. Na transcrição da entrevista de A.A., apresentada a seguir, cada turno de fala é marcado por um T seqüenciado por números, antecedendo as perguntas e respostas.

ENTREVISTA COM A.A.[1]
(Casa D. Timóteo/
dezembro de 1996)

T1 – Como é seu nome?
T2 – A.
T3 – De quê?
T4 – A.
T5 – Quantos anos você tem?
T6 – Quatorze.
T7 – Onde você nasceu?
T8 – Sei não.
T9 – Foi aqui em Salvador mesmo ou foi em cidade do interior?
T10 – Salvador.
T11 – Aqui em Salvador mesmo, foi? E quanto tempo tem que você tá aqui na Casa D. Timóteo?
T12 – Um bocado. Já saí, entrei, já saí, entrei.
T13 – Por que, A.? Por que que você saiu, entrou? O que é que aconteceu?
T14 – Por causa de minha mãe. Ela queria dinheiro pra comprar cachaça.
T15 – Quem?
T16 – Ela queria [...] dinheiro pra comprar cachaça, minha mãe.
T17 – Sua mãe?
T18 – [gesto]
T19 – Mas sua mãe... por que é que você saiu daqui?
T20 – Hum?
T21 – Você saiu, foi pra casa?
T22 – [gesto]
T23 – Ah, e lá ela queria dinheiro pra comprar cachaça? Ela é viciada em bebida, né?
T24 – [gesto]
T25 – Hum. E cadê ela agora?
T26 – Em casa, amanhã eu vou lá que eu vou levar o presente.

1. Os nomes dos meninos e meninas entrevistados são todos verdadeiros, mas preferiu-se identificá-los apenas por suas iniciais. Alguns dão seus nomes completos, outros não.

T27 – É? Vai levar um presentinho pra ela amanhã, é?
T28 – Eu vou levar cinco reais.
T29 – De comida ou de dinheiro?
T30 – Hum?
T31 – Vai levar cinco reais de dinheiro pra ela?
T32 – [gesto]
T33 – É? Legal você lembrar de sua mãe. E seu pai onde é que tá?
T34 – Morreu.
T35 – Morreu? E sua mãe? Em que lugar que ela mora?
T36 – Mora lá na Mata Escura. [...] Numa invasão que abriu lá.
T37 – Numa invasão, lá?
T38 – Im uma invasão que abriu lá.
T39 – Como é que chama a invasão?
T40 – Morada do Sol.
T41 – Morada do Sol?
T42 – Parece que o nome é esse [...]
T43 – Hum, hum. Quer dizer que você só tem mãe, né, A.?
T44 – É.
T45 – E você tem irmãos?
T46 – Tenho.
T47 – Tem? Mais velho ou menor que você?
T48 – Tem até menor e mais véio.
T49 – Tem menor e tem mais velho. Quantos são?
T50 – Seis.
T51 – Eles estão com quem? Com a sua mãe?
T52 – Não.
T53 – Tão aonde?
T54 – Só... só meu irmão que tá com minha mãe.
T55 – Quantos anos ele tem?
T56 – Nove.
T57 – Nove, né?
T58 – E tenho três... quatro sobrinho.
T59 – Quatro sobrinhos, já? Você tem alguma irmã casada?
T60 – Tenho, o marido dela morreu.
T61 – O marido dela morreu e ela cria sozinha os meninos?
T62 – [gesto]
T63 – E ela tá aonde?
T64 – Tá morando ni uma casa emprestada.
T65 – Então você tem irmã com filhos, são seus sobrinhos...

T66 – E tenho outra que não é casada não, mas só que ela tem um namorado, que ela tem uma filha...
T67 – Tem uma filha, né?
T68 – ...e a que é casada, que [era] casada tem três filho, três homi e uma mulher.
T69 – Então você tem um bocado de gente que mora... da sua família, não é? Que é que cê acha, A., você gosta de sua família?
T70 – Gosto.
T71 – É bom uma pessoa ter família?
T72 – É.
T73 – É? Por que que uma família é bom pra pessoa? Diga aí o que é que você acha assim, por que que ter família é bom pra pessoa?
T74 – É...
T75 – Que é que você acha?
T76 – [silêncio]
T77 – Não tem importância da forma como você fale, o que você achar você diz.
T78 – [silêncio]
T79 – Você acha que um garoto como você, uma menina da tua idade, mais velho, mais novo, pra essas pessoas, pra gente, é importante ter família?
T80 – [gesto]
T81 – É. Por quê? O que que a família faz pra gente?
T82 – [silêncio]
T83 – Você não sabe? Não tá querendo falar?
T84 – [silêncio]
T85 – O que é uma família? É pai, mãe, né isso – você não tem pai que seu pai morreu, sua mãe tá viva – irmãos, como é que é os irmãos, a mãe podem ajudar a gente?
T86 – [pausa] Trabaiando [voz fraca].
T87 – Trabalhando? E aí?
T88 – [silêncio]
T89 – Quem trabalhando? A gente ou eles?
T90 – Eles e a gente.
T91 – Sim, tio, e aí, que mais? Trabalhando o que é que acontece?
T92 – Recebe o dinheiro.
T93 – Sim...

T94 – Sai, compra comida.
T95 – Compra comida. Que é mais? É só a comida que é importante?
T96 – Roupa...
T97 – Sim...
T98 – [...] material pra dentro de casa.
T99 – Material pra dentro de casa, pra construção, você tá falando?
T100 – Porque lá é casa de tauba.
T101 – É de tábua, é?
T102 – [...] porque é invasão que abriu agora. Minha mãe não tem condições de [...].
T103 – Hum, hum. Então. E é só por isso que a família é bom?
T104 – [silêncio]
T105 – Tem mais alguma coisa que você acha que a família é bom?
T106 – Eu me esqueci.
T107 – Você esqueceu, foi? Tem muito tempo que você tá longe da sua família?
T108 – [gesto]
T109 – Tem, né, tio? Você não tem saudades assim de ficar morando com os irmãos e a mãe dentro de casa?
T110 – Tenho.
T111 – Tem, né? Tem vontade?
T112 – Tenho.
T113 – A., por que é que você foi viver na rua?
T114 – Por causa que eu ia tomar um dinheiro. Desni [= desde] pequeno que eu já andava na rua.
T115 – É? Mas você tinha uma casa [né]? Você não morava na rua.
T116 – Desni quando meu pai era vivo.
T117 – Ah, desde quando seu pai era vivo você já ia pra rua?
T118 – [gesto]
T119 – Pequetitico?
T120 – [gesto]
T121 – É, né? Por que que você ia pra rua?
T122 – Porque eu gostava.
T123 – Que é que tem na rua que é legal?
T124 – [silêncio]
T125 – Por que que você gostava de ir pra rua?

T126 – Hein?
T127 – Por que que você gostava de ir pra rua?
T128 – [silêncio]
T129 – Você brincava muito na rua?
T130 – [silêncio]
T131 – Na sua casa você não brincava?
T132 – Lá eu brinco.
T133 – E na rua, você teve muitos problemas na rua?
T134 – [gesto]
T135 – Teve, né? Que problemas você enfrentou na rua, A.?
T136 – Um bocado.
T137 – Você quer contar algum?
T138 – [silêncio]
T139 – Houve alguma coisa assim, alguma vez, que marcou você, que você lembra, hein?
T140 – De quê?
T141 – Uma coisa, algum problema na rua, assim...
T142 – Um dia eu tava lá no [...], aí a gente tava, a gente entrou ni um caminhão que era cheio de vrido. O rapaz mandou a gente varrer o vrido, aí o menino chegou, meteu o vrido no meu pé, aí eu cheguei... aí [...].
T143 – Vixe, que marca feia danada!
T144 – Teve um dia que eu tava em casa também, aí tava em casa, aí depois... é... o pessoal do Axé me deu suspensão, aí eu pedi pra ir pro Apaxe de manhã e de tarde, aí chegou lá eu brinquei na roda-gigante, aí caí de lá de cima.
T145 – Outra quedona? Vixe, Nossa Senhora, duas marcas feias na perna.
T146 – E aqui também.
T147 – E o que foi isso?
T148 – Na roda-gigante que eu caí de lá de cima.
T149 – Você caiu da roda-gigante? Você fica balançando na roda-gigante, né?
T150 – Aquela roda-gigante que tinha ali no Dique, véia.
T151 – Você fica balançando o banco? Não pode fazer isso, A.
T152 – Que foi uma véia que tinha lá no Dique, a gente empurrou, aí montou, aí eu cheguei, caí, [...] pendurado.
T153 – Mas você é pintão, né? Você é pintão? É traquinas, é? Porque aquilo ali não pode balançar, né, eu vou ali morrendo de medo, eu nunca mais fui.

T154 – Os menino que me ensinaro. Porque eu tava impindurado [= pendurado], os menino tudo tava pensando que eu tava sentado mas não tava sentado não, eu tava impindurado.
T155 – Tava pendurado no banco?
T156 – Eu tava assim atrás da cadeira impindurado, chegou lá em cima [...] cheguei me soltei que eu nem vi, quem me disse foi os pessoal lá.
T157 – Você é um danado. Bateu a cabeça?
T158 – Aqui e aqui.
T159 – Olhe a marca aí, né? [pausa] Venha cá, me diga uma coisa. As pessoas todas com quem a gente cruza por aí, a família da gente, as outras pessoas, os vizinhos, todo o mundo na rua a gente chama de sociedade, né? As pessoas... o que é que você acha das pessoas todas da sociedade de modo geral? O que é que você acha das pessoas? Da sociedade?
T160 – [silêncio]
T161 – Como é que essas pessoas tratam você?
T162 – Alguns trata bem, alguns tratam mal.
T163 – É assim na rua? Alguns tratam bem... e, digamos assim, é... mais gente trata você mal ou mais gente trata bem?
T164 – Mais gente trata bem.
T165 – Mais gente trata bem, né? E trata mal dizendo o quê? O que é que dizem pra você que... tratando mal você?
T166 – [...] fica xingando, fica [a gente faz qualquer coisa] fica querendo bater na gente.
T167 – Você acha, A., que as pessoas dão importância pros meninos que estão morando na rua?
T168 – [gesto]
T169 – Não, né? Não dão importância nenhuma. As pessoas de modo geral... as pessoas todas?
T170 – [gesto]
T171 – Não dão?
T172 – Só algumas.
T173 – Só algumas, né, tio. [pausa] Você já teve algum problema com a polícia?
T174 – [gesto]
T175 – Não. Algum amigo seu já teve?

T176 – Teve um dia que... teve um dia que eu tava aqui, eu tava aqui, aí rumei [= atirei]... rumei pedra que [= porque] não queria deixar eu entrar, aí eu rumei pedra, ni Jorge [... que tem aqui] sem ser Jorge educando, Jorge educador. Aí [...] me levou pra lá pra cima, pá [Demac], aí chegou lá em cima o policial perguntou meu nome, eu não queria dizer, ele me deu duas broca.
T177 – Deu duas o quê?
T178 – Duas broca.
T179 – O que é duas broca? Como é?
T180 – Dois tapa.
T181 – Aonde?
T182 – Aqui. Eu cheguei peguei uma pedra, ia meter nele, depois...
T183 – Na polícia?
T184 – Sim, depois não meti não.
T185 – Você sabe o risco que você corria se você arrumasse pedra nele, não é?
T186 – Oxe, mas só tava ele sozinho lá, os outro tava tudo lá embaixo [...] e no educador também que tava lá [...].
T187 – Venha cá, e na sua opinião, então, é... qual é a função que a polícia tem... qual é a função da polícia? Pra que que serve a polícia?
T188 – Pra pegar os [ladrõe].
T189 – Pegar os ladrão, né? É só pra isso?
T190 – Pra resolver um bocado de [...] lá.
T191 – Resolver o quê?
T192 – Um bocado de paróquia aí.
T193 – Um bocado de quê? Paróquia? O que é paróquia, A.?
T194 – Um bocado de coisa.
T195 – Um bocado de coisa, né, tio? E você acha que a polícia tá fazendo aquilo que tem que fazer mesmo ou não?
T196 – Tem.
T197 – A polícia só faz aquilo que tem que fazer, que é prender ladrão e resolver os problemas?
T198 – [gesto]
T199 – Não, né? Você gosta da polícia?
T200 – [gesto?]
T201 – Por que é que você acha que ela não tá fazendo aquilo que tem que fazer?

T202 – [silêncio]
T203 – Ela faz coisas que não devia fazer?
T204 – Não.
T205 – Ela só faz aquilo que tem que fazer?
T206 – Nem todas.
T207 – Nem todas, né? Por exemplo, quando ele bateu no seu ouvido aí, ele devia fazer isso?
T208 – Não.
T209 – Não, né? Por que que não devia fazer isso?
T210 – Eu sou de menor.
T211 – É só por isso?
T212 – [silêncio]
T213 – Se você fosse de maior ele podia arrumar a mão no seu ouvido assim?
T214 – Sei lá.
T215 – Hein? Já pensou nisso?
T216 – Oxe, se eu fosse de maior eu dava, eu dava, eu dava uma pedrada na cabeça dele, [depois] dava um murro na cara dele.
T217 – Sim, tudo bem. Mas a pessoa pode assim, mesmo polícia, chegar e bater assim no outro? Que é que você acha?
T218 – [gesto]
T219 – Não, né? Por que que não pode?
T220 – Porque não é o direito dele.
T221 – Ah! E como é o direito dele?
T222 – Ir conversar.
T223 – Que mais, tio?
T224 – [silêncio]
T225 – Se a pessoa errou, por exemplo, se fez alguma coisa errada mesmo, o que é que ele tem que fazer?
T226 – Prender.
T227 – Prender. E antes de prender?
T228 – Conversar.
T229 – Conversar, não é isso? Então a polícia nem sempre faz aquilo que tem que fazer?
T230 – [gesto]
T231 – Não, né? Você conhece muitos meninos que estão morando na rua, não conhece?
T232 – [gesto]

T233 – A., por que que tem tanto menino, tanta criança como você, você já é um adolescente, meninos e meninas, maiores e menores que você, vivendo na rua, meu tio? Por que que tem tanta gente vivendo na rua assim? Qual é a razão disso?
T234 – [silêncio]
T235 – Que é que seus colegas diz...
T236 – Pobrema [de] familiar.
T237 – Problema familiar? É? Como assim? Que problema familiar?
T238 – Às vez [...] tem alguma paróquia com a mãe.
T239 – Não ouvi o que você falou.
T240 – Tem alguma paróquia com a mãe, lá.
T241 – Alguma paróquia? Paróquia é confusão? Na família tem alguma paróquia?
T242 – [gesto]
T243 – Que tipo de paróquia?
T244 – [silêncio]
T245 – Seus colegas, por exemplo, por que que eles dizem que vão viver na rua?
T246 – [Sei não]
T247 – Você não tem... eles não falam com você, não?
T248 – [gesto?]
T249 – Na rua, você brigava com seus colegas?
T250 – [gesto]
T251 – Não. Você nunca foi...
T252 – Nem com todos.
T253 – Não com todos, né? Com alguns, sim?
T254 – Com L. mesmo, L. daqui, ele adora perdurar [= procurar] briga, L. e [...].
T255 – L. C.?
T256 – E [...].
T257 – E quem mais? Pipi?
T258 – Não, E.
T259 – Esse daqui, esse que tem aí, sim.
T260 – Ele e L. C. adora ficar perdurando briga. Eu mando eles parar eles... quando eu brinco com eles também, eles manda eu parar, eu paro. [Eu falo isso com o educador, o educador não fala porra nenhuma.]
T261 – Você não gosta de brigar?

T262 – [gesto?]
T263 – Mas você gosta de jogar pedra, às vezes, de vez em quando, né?
T264 – [gesto?]
T265 – Por que que você joga pedra?
T266 – Porque quando não deixa eu entrar e quando ele... quando eu falo alguma coisa com eles também dos menino, ele só acha eu errado.
T267 – Hum. Por que é que você... você falou que a polícia devia conversar. Por que é que você também não resolve conversar com os educadores? Conversar em vez de jogar pedra?
T268 – [...] eu falo com eles, eles não resolve nada...
T269 – Hum. Quer dizer que você não sabe por que é que tem tanto menino e menina na rua assim, não é? Problema familiar, muita paróquia por lá, tá certo. Agora... é... por que é que na sociedade tem gente tão rica e gente tão pobre... gente muito rica, muito rica e gente que quase não tem nada? Você tem alguma explicação pra isso? Será que é porque... qual é a sua idéia sobre isso? [pausa] Como é seu nome mesmo que eu não consegui...
T270 – A. A.
T271 – A. Qual é a sua idéia sobre isso, A.?
T272 – Eu acho que eles não tem... não tem condições.
T273 – Por que que uns têm condições e outros não têm condições nenhuma?
T274 – Porque não trabalha.
T275 – Porque não trabalha, né? Os que têm condições é porque trabalha...
T276 – Não, não percura [= procura] trabalho.
T277 – Então é só... depende da pessoa? Só depende da pessoa procurar trabalho?
T278 – Não.
T279 – Depende de mais o quê?
T280 – De um bocado de coisa.
T281 – E é fácil encontrar trabalho? Você já procurou algum trabalho?
T282 – Não, [mas é que eu] eu sou da escola do Projeto Axé e da banda.

T283 – Então você já tá trabalhando em alguma coisa, não é? Você faz o que, no Axé?
T284 – Eu estudo de manhã e toco na banda de tarde.
T285 – Ah, você tem o dia todo ocupado então, né? Você toca o quê, na banda?
T286 – Eu toco nos instrumento.
T287 – Que instrumento você toca? Repique?
T288 – [gesto]
T289 – É? E você canta também?
T290 – [gesto]
T291 – Não, né? Você toca o timbau?
T292 – Toco, o que eu mais gosto de tocar é timbau e repique.
T293 – Hum, hum. Quer dizer que você acha que as pessoas... tem umas ricas e outras pobres porque algumas trabalham e outras não?
T294 – [gesto]
T295 – Você acha então que a culpa é só dessas pessoas que não querem trabalhar, é?
T296 – [gesto]
T297 – Não é só delas, não. É de quem mais, a culpa?
T298 – Do governo.
T299 – Do governo, tio? Por quê? Me explique aí.
T300 – [silêncio]
T301 – Eu... tô achando interessante. Diga aí, por que é que você acha que é do governo também? Como é que o governo entra nisso?
T302 – Ele podia arranjar trabalho.
T303 – O que é que o governo faz em relação a essas pessoas pobres?
T304 – Sei lá.
T305 – Não sabe não? Você acha que o governo olha para essas pessoas pobres?
T306 – Olha.
T307 – Olha? Você acha que ele tá cuidando das pessoas pobres?
T308 – Sei lá.
T309 – Não sabe? Não? Você acha que tem um jeito de melhorar a situação de vida dos meninos que estão na rua?
T310 – [gesto]
T311 – Tem? E como é esse jeito?

T312 – Eu não sei não.

T313 – Ah, você sabe sim, que você tem uma cabeça cheia de idéias! Se fosse você que tivesse assim a possibilidade de melhorar, que é que você faria?

T314 – [silêncio]

T315 – Se fosse você, A., que fosse... tivesse a possibilidade de melhorar a vida dos meninos de rua, que é que você ia fazer?

T316 – Ia botar cada um ni uma escola [não nem todos].

T317 – Por que todos não?

T318 – Oxe, não ia botar ninguém, que não ia dar.

T319 – Mas você teria a possibilidade de fazer alguma coisa. Você ia botar na escola ou não ia botar na escola?

T320 – Oxe, como é que ia botar tudo na escola?

T321 – É melhor botar tudo na escola?

T322 – Não tem... Se não tivesse lugar?

T323 – Sim, mas você ia arrumar lugar pra botar ou não ia arrumar? Você tem a possibilidade de fazer isso. Escola é uma coisa boa. Que mais você ia fazer?

T324 – Botava na oficina?

T325 – De quê?

T326 – De carro.

T327 – Você gosta disso? De ser mecânico?

T328 – Minha mãe quer botar meu irmão, não sei se ela já botou.

T329 – E você gosta? Botava na oficina de carro, né? Botava em mais o quê?

T330 – É... pá... como o Conselho tá fazendo, é... botando... é dando caixa de picolé cada um.

T331 – Caixa de picolé pra cada um? Pra vender na rua, né?

T332 – É, no dia do arrastão.

T333 – Como é?

T334 – No dia do arrastão.

T335 – Não entendi o que você falou!

T336 – No dia do arrastão.

T337 – No dia do arrastão? Que dia foi esse?

T338 – Não, inda vai passar ainda.

T339 – Ah, sei, o Conselho tá dando uma caixa de picolé pra cada menino?

T340 – Pra vender no dia do arrastão, se pegar sem vender nada, se pegar sem tá vendendo, eles leva pro CAM [Centro de Atendimento ao Menor].
T341 – Pro CAM, é? O CAM é meio pesado, né? Quer dizer então que você...
T342 – Eles só não deu aqui na Cidade-Mãe, ele já deu uma patota de gente aí na rua.
T343 – Como é?
T344 – Ele já deu uma patota de gente aí na rua.
T345 – E você? Pegou não, né? Porque você está no Axé, né?
T346 – É.
T347 – Você não precisa disso, você tá trabalhando no Axé, de manhã estudando, né, você tá na escola. Antes de você ir pra escola no Axé...
T348 – Se ele me der eu dou a meu irmão.
T349 – Certo. Antes de você ir pra escola no Axé, você já tinha ido pra escola?
T350 – Já.
T351 – Já tinha ido pra escola comum?
T352 – [...] saí.
T353 – Hein? Saiu? E você fez quantos anos na escola?
T354 – Sei lá, acho que foi um mês, dois.
T355 – É mesmo? Aonde foi? Na Mata Escura?
T356 – Sussuarana.
T357 – Na Sussuarana? Só um mês você foi pra escola?
T358 – [gesto]
T359 – Você aprendeu a ler?
T360 – [gesto]
T361 – E a escrever?
T362 – Escrever eu aprendi pouco.
T363 – E ler, nada? E agora no Axé, você tá aprendendo?
T364 – [...]
T365 – Você tá gostando de aprender a ler?
T366 – Eu não sei ler ainda tudo não.
T367 – Não? E você quer saber ler?
T368 – [...]
T369 – Por que que você quer saber ler, A.? Por que que ler é interessante?
T370 – [breve silêncio] Porque arranja um trabalho melhor.
T371 – Hum. E que mais?

T372 – Melhora sua vida.
T373 – Melhora a vida, né, tio? Você já pegou aquelas revistinhas de quadrinhos que tem ali pra ler? Por que é que você não tenta? Pede a N. emprestado as revistinhas aí, alguns meninos já leram.
T374 – Eu não sei não.
T375 – Vai tentando. É assim mesmo. Um dia a gente...
T376 – Meu irmão de nove anos sabe ler [...]
T377 – Sabe ler? Seu irmão de nove anos? E você também pode. É que você ficou na rua e perdeu tempo e não aprendeu, mas agora pode aprender. Lá no Axé você tá aprendendo?
T378 – [...]
T379 – Quem é seu educador, lá?
T380 – É Eric, educador.
T381 – É um educador? Quem é?
T382 – Eric.
T383 – Ele te ensinou a ler?
T384 – [gesto]
T385 – Sim, né? E a escrever?
T386 – [gesto]
T387 – Você tá gostando disso?
T388 – [gesto]
T389 – Você acha que a escola é bom pros meninos?
T390 – Acho.
T391 – Por quê?
T392 – [...] [Melhora a vida mais.]
T393 – Você acha que a única forma que a gente tem pra melhorar de vida é ir pra escola? É indo pra escola?
T394 – [gesto]
T395 – Não, não é a única forma. Qual é a outra forma que a gente tem pra melhorar de vida?
T396 – Trabaiar.
T397 – Trabalhar. E a escola ajuda a encontrar trabalho?
T398 – Se ele sabe aler, depois ele pode até arranjar um trabalho que... pra trabaiar ni [...].
T399 – Trabalho de quê?
T400 – Ni qualquer negócio aí... ni colégio mesmo
T401 – Colégio, né? Você tem vontade de fazer isso?
T402 – Ni computador também.

T403 – Hum. Educador?
T404 – Computador.
T405 – Ah, no computador. Você já mexeu com computador? Você gosta daquilo?
T406 – Eu já vi mas só que eu nunca mexi não.
T407 – E você acha interessante, computador? Você gostaria de trabalhar...
T408 – [...] lá no jornal *A Tarde*.
T409 – Lá no Axé tem algum?
T410 – Os pessoal do Axé que [...] que foi lá no jornal *A Tarde*, levou a gente lá.
T411 – Você viu o jornal *A Tarde* por dentro? O que que você achou?
T412 – Vi o avião que caiu... que caiu... na ilha, o avião que caiu lá no m... os avião que caiu lá no São Paulo.
T413 – Ah, você viu? Foi naquela época? E você viu como? A fotografia?
T414 – [gesto]
T415 – Ah, lá n'*A Tarde*! E, se você pudesse mexer com computador, você gostaria?
T416 – [gesto]
T417 – É? Quer dizer que você acha que a escola é importante ou não é importante pras crianças?
T418 – É importante.
T419 – É, né, tio? Você já pensou em ler histórias assim, você gosta de ler histórias?
T420 – [gesto]
T421 – Gosta? Então tem que se aplicar, né? Mas é assim mesmo, demora um bocadinho.
T422 – Todo dia eu mando o educador contar uma história pra mim ir coisando...
T423 – Pra você escrever?
T424 – [gesto]
T425 – Não. Você gosta de ouvir ele contar história? E quando você puder ler a história, hein? Você já imaginou?
T426 – [silêncio]
T427 – É melhor ou não é?
T428 – É.
T429 – Você vai conseguir, mas você tem que...

T430 – Se eles ir me dizendo a história também eu vou escrevendo, aí... escrevendo, aí se tiver certo eles diz, se tiver errado ele diz também.
T431 – E pra que que serve mais a gente saber escrever?
T432 – Sei lá.
T433 – Você tem amigo longe daqui?
T434 – Daonde? Daqui...?
T435 – Da... outra cidade.
T436 – Cidade, como? Fora daqui de Salvador?
T437 – É, fora daqui de Salvador.
T438 – Salvador? Não.
T439 – Você pode usar uma carta, escrever, se comunicar.
T440 – Eu tenho um que já [teve] per'aqui pela Cidade-Mãe. Era um mudo e um gordo que era de São Paulo. Os dois era de São Paulo.
T441 – Um mudo?
T442 – Sim.
T443 – E o outro é o quê?
T444 – O outro era um gordinho.
T445 – Um gordinho? Foram embora pra São Paulo? E eles são seus amigos?
T446 – [gesto] Já passou per'aqui já.
T447 – Já passou por aqui? E aí? Você não gostaria de escrever uma carta pra eles?
T448 – Eu não sei onde é que eles mora.
T449 – Não sabe onde é que eles moram, né? É...
T450 – Aqui tá escrito o quê?
T441 – Incenso.
T452 – De quê?
T453 – Dos Magos. Me diga mais uma coisa aqui: que é que você acha do lugar onde a gente vive, que é Salvador? Do Brasil?
T454 – Bom.
T455 – É? Você gosta de Salvador?
T456 – Daqui eu não quero sair pra lugar nenhum, de avião, não gosto nem de avoar [= voar] de avião porque já teve um bocado de apresentação do Apaxe, foi viajar pra São Paulo, pra Itália, pra Brasília, eu não fui. Nem de besta eu não fui.
T457 – Por quê?

T458 – Teve um pertinho que foi de besta...
T459 – Por que você não foi? Você não quis ir?
T460 – Eu não quis ir, eu não gosto de avoar não.
T461 – Você tem medo? De viajar de avião?
T462 – [gesto]
T463 – Eu também tenho um pouquinho, mas a gente tem que viajar às vezes, é legal também. Conhecer outra cidade. Mas você gosta de Salvador?
T464 – [gesto]
T465 – Mas mesmo com essa vida dura que você tem... difícil... você gosta de morar aqui?
T466 – Gosto.
T467 – Você morava na rua, não é?
T468 – [gesto]
T469 – Morava e dormia aonde?
T470 – Lá no... im Vale dos Rios.
T471 – Aonde?
T472 – Vale dos Rios.
T473 – Vale dos Rios! Ali perto da... Pituba.
T474 – Ali... junto do Hospital das Clinca [= Clínicas].
T475 – Junto do Hospital das Clínicas? Ali é Canela. Não estou entendendo. Vale dos Rios não fica lá perto do...
T476 – É... no Stiep [= nome de um bairro].
T477 – Ah, no Stiep. E ali tem algum Hospital das Clínicas? Não conheço, não. Você ficava por ali?
T478 – [gesto] Perto do Iguatemi.
T479 – Como é que você comia? Quem lhe dava comida?
T480 – Os pessoal lá...
T481 – Você lavava carro? Fazia alguma coisa?
T482 – [gesto]
T483 – Ah, é? Você ganhava algum dinheirinho?
T484 – Ganhava [...].
T485 – Que é que você fazia mais? Lavava carro, tomava conta de carro...
T486 – Levava compra, tomava conta de carro também.
T487 – Levava compra? Das pessoas em casa? Certo. E dormia aonde? No chão ou nalgum lugar?
T488 – Botava um papelão, era eu e P. A senhora conhece P.?
T489 – Conheci. Ele falou mesmo. Ele já foi pra casa, né?

T490 – [gesto] E o irmão dele que tava aqui também, e outro menino, e G., também, que já passou per'aqui, que veio pr'aqui com a gente... e ele agora [Barreira] quer pegar ele pá matar e mais outro menino, que foi o último a morar, que foi o último a [embarrerar] lá pro... ele agora tá trabaiando ni uma kombis.
T491 – Tá trabalhando?
T492 – [gesto]
T493 – Em quê?
T494 – Ni uma kombis.
T495 – Em uma kombi? Ah, ele recebe as pessoas e bota pra dentro, não é?
T496 – [gesto]
T497 – Você tá [...] em voltar pra casa?
T498 – [gesto]
T499 – Tá fazendo força pra voltar pra casa?
T500 – Eu?
T501 – Sim, meu querido, você. Você quer voltar a estudar numa outra escola?
T502 – [gesto]
T503 – Tem que fazer força.
T504 – Eu estudava de noite, era ruim pra porra.
T505 – De noite, por quê? De dia, trabalhava?
T506 – Era, e também não tinha vaga pra mim de dia porque eu tinha 14 anos, eu tinha 13, eu ainda fazia 14 agora.
T507– Então, com 13 anos, você não tinha vaga pra você não? Eles diziam que não tinha vaga pra você?
T508 – Não.
T509 – As escolas diziam que não tinha vaga pra você porque você já tinha 13. [pausa] Você, se alguma criança, algum menino assim da tua idade, mais novo que você, da tua idade, dissesse pra você assim: "Tô querendo ir viver na rua", que conselho você ia dar pra esse menino?
T510 – Eu ia dizer que não era pra ele ir viver, rua não é bom, ele só vai prejudicar a vida dele.
T511 – É, né, tio? Tá querendo voltar pra casa, não tá? Tem que fazer força! Tem que querer!
T512 – [...] lá em casa amanhã, vou levar o presente de minha mãe.
T513 – Como é?

capítulo 2 • 51

T514 – Vou dormir lá em casa amanhã, que eu vou levar o presente de minha mãe.
T515 – Sim, senhor. Amanhã é dia de Natal.
T516 – Amanhã já é Natal, já?
T517 – Não, amanhã é véspera, não é? Mas amanhã de noite é que as pessoas se juntam pra festejar o Natal.
T518 – A véspera é que é mais...
T519 – A véspera é mais festejada ainda, né? De noite, as pessoas se juntam, conversam, dão risada, brincam, não tem nada de briga. Por quê? Porque Natal é pra lembrar do nascimento de Jesus Cristo. Não é? Você acredita em Deus?
T520 – Credito.
T521 – E Jesus?
T522 – [silêncio]
T523 – Me diga uma coisa: você acha que Jesus e Deus é a mesma coisa?
T524 – [gesto]
T525 – Não? Quem é Deus?
T526 – Deus nasceu premero do que Jesus.
T527 – Deus nasceu primeiro do que Jesus. Jesus, portanto, era o quê?
T528 – Hã?!
T529 – Jesus era o que de Deus?
T530 – Filho.
T531 – Filho. Mas ele também é Deus?
T532 – Não.
T533 – Você vai a alguma igreja?
T534 – Não.
T535 – Não? Você nunca foi?
T536 – [gesto]
T537 – Você acha que as igrejas podem ajudar os meninos de rua?
T538 – [gesto]
T539 – Como?
T540 – Orando.
T541 – Só orando?
T542 – Não.
T543 – Que mais?
T544 – Fazendo um bocado de coisa.

T545 – É isso que eu quero saber. Que coisas são essas: paróquia? (risos) Que coisas você acha que a Igreja pode fazer pra ajudar os meninos?
T546 – [silêncio]
T547 – Dê uma ideiazinha aí.
T548 – [silêncio]
T549 – Você não tá com idéia nenhuma agora, né? Tá bom. Muito obrigada, viu? Deus te ajude.

* * *

Uma primeira questão a ser assinalada, na análise de um diálogo como esse, diz respeito ao fenômeno da assimetria do discurso: com efeito, ao se estabelecer uma conversa entre uma professora/pesquisadora e um garoto proveniente da classe social mais desassistida da sociedade, analfabeto, e tido como marginal, já se tem como certo esse desequilíbrio entre os dois sujeitos participantes da interação verbal. Pressupõe-se não apenas a assimetria mas também a dominância do discurso, antecipando que as iniciativas de proposições de fala, e até mesmo a quantidade de palavras, serão predominantemente da interlocutora, que detém mais prestígio na sociedade.

Por entender que esses dados não são resultantes de uma entrevista no sentido mais convencional de pergunta e resposta, mas de um verdadeiro diálogo, serão examinadas não apenas a fala do menino entrevistado mas também a participação da pesquisadora, que faz aí o papel de interlocutora. Interessa ver o movimento lingüístico que se vai criando entre os participantes da conversa. Se fosse apenas uma entrevista em que o entrevistado diz o que pretende dizer e em que ao entrevistador cabe ouvir e registrar o dito, a questão da assimetria não se apresentaria do mesmo modo porque seria então explicitamente a fala de um só, na verdade um monólogo, sob a forma de uma entrevista.

No caso dos dados aqui apresentados, o interlocutor do menino/da menina é, de fato, a sua entrevistadora. Ela é o seu parceiro da comunicação, o outro a quem dirige a sua fala. Do(a) menino(a), a entrevistadora espera uma "atitude responsiva ativa", retomando as palavras de Bakhtin. Embora ele não lhe faça pergunta, ou as raras que surgem desviem-se do assunto que está sendo discutido, o(a) menino(a) também espera da interlocutora/entrevistadora uma atitude responsiva e, na entrevista em análise, uma atitude de condução da conversa, o entrevistado respondendo monossilabicamente, por gestos, ou ficando em silêncio. Esse silêncio tão intenso nessa e em outras entrevistas, justamente, acredita-se, atesta a presença de um interlocutor não habituado a assumir a posição de sujeito/locutor na presença de um interlocutor que o interroga sobre tais assuntos, o que para ele constitui algo inusitado. O inusitado decorre não exatamente das dificuldades e da complexidade de tais temas mas da presunção, que a solicitação encerra, de que ele é um sujeito habilitado a se exprimir sobre o assunto que lhe é perguntado. O estranhamento emerge nessa interlocução específica, pois a esse garoto (e aos demais entrevistados), acostumado que está a ser tratado como o não-sujeito, solicitam-se *opiniões*: "Por que cargas d'água essa pessoa faz a mim tais perguntas?", dirá o menino. Assim, essas entrevistas devem ser analisadas como um diálogo – e não como uma entrevista convencional – no sentido de que, para obter respostas, entrevistadora e entrevistados vão negociando tanto o processo de interação quanto os seus temas.

Na entrevista com A. A., passados os turnos de identificação, com respostas curtas e diretas (T1 e T2), por longo tempo (T11 a T72) a entrevistadora tenta, com perguntas, provocar manifestações do entrevistado, que se limita a respostas rápidas a propósito de sua família, dando informações sobre ela à entrevistadora que, em T73, tenta ir além para obter do entrevistado opinião sobre a instituição "família": as respostas tornam-se silêncios, gestos, monossílabos, até que os interlocutores, no caso a entrevistadora, propõem novo tema e recomeça o ciclo; as breves respostas, as narrativas sucintas, as concordâncias por gesto, os monossílabos permitem à entrevistadora formar um "panorama" de como o entrevistado "enxerga" o tema, para introduzir novo tema, e assim sucessivamente.

Romualdo (1988), estudando o livro de Ecléa Bosi, *Memória e sociedade: lembrança de velhos*, feito a partir de entrevistas com os seus sujeitos – as pessoas idosas –, aponta para o direcionamento que a autora dá às perguntas feitas aos idosos, levando-os a produzir textos em que se torna recorrente uma determinada temática: o trabalho. Para a autora, o trabalho condiciona a memória do sujeito velho, de forma que aquele ancião ainda engajado em alguma prática social tem memória recente dos fatos, ao passo que os idosos já alijados das relações de trabalho relatam mais fatos dos tempos em que se sentiam úteis à sociedade. Criticando as conclusões da autora, Romualdo escreve:

> [...] A pretensão de deixar aflorar a fala dos velhos no livro é visível pela posição das entrevistas coletadas dentro do livro, e mais, pelo fato de que o livro se constitui basicamente dos relatos dos velhos (pág. 51 a 327). Aparentemente, a intervenção da autora se reduz às páginas 1 a 50 (Introdução) e às páginas 329 a 399 (Conclusão). Isso só aparentemente. Nestes, as perguntas, as falas da entrevistadora não aparecem, curiosamente. Ainda assim, a presença da entrevistadora está embutida na fala dos anciãos, no discurso do velho. Pelo menos, a presença da entrevistadora se revela pelo avesso: o que não aparece na fala do velho, aquilo que se silencia. Como por exemplo, explicar a ausência da sexualidade no discurso desses anciãos? O tema da sexualidade será menos importante que o tema trabalho? Que perguntas fez a entrevistadora aos anciãos, que disse ela aos anciãos? (Romualdo, 1988, p. 59.)

É claro que, considerados desse ponto de vista, textos como os da presente pesquisa também sofrerão desse tipo de viés ou de relações assimétricas entre entrevistador e entrevistado. Entretanto, há aqui uma diferença básica que diz respeito aos objetivos da pesquisa. Diferentemente da pesquisa de Ecléa Bosi, não se pretende abranger um domínio tão vasto quanto o que no seu texto é objetivado: as memórias dos velhos. Obviamente, quando se coloca um tema tão abrangente, espera-se que os relatos dos velhos contemplem aspectos diversificados da vida, igualmente importantes, em sociedades como a retratada. É pertinente, então, a questão colocada por Romualdo, sobre a ausência, por exemplo, da temática da sexualidade nas falas dos idosos. Aqui, ao contrário, delimitam-se os centros de interesse na conversa mantida (o que não diminui, e pode mesmo aumentar, o grau de assimetria, já que são conversas direcionadas por um roteiro de temas previamente selecionados). Não se pretende cobrir universo mais amplo que aquele descrito; na verdade, as falas (e os silêncios) funcionarão mais como índice do que seja o subconjunto do universo discursivo delimitado tematicamente ou, em outros termos, do sistema de referências no qual se abrigam as representações sociais do mundo em que vivem os meninos e as meninas de rua.

Por outro lado, por diálogo deve-se entender a participação de pelo menos dois interlocutores na construção de um processo lingüístico. No pensamento de Bakhtin a linguagem só se processa de fato quando se considera uma relação em que um locutor se põe como sujeito de sua fala ao mesmo tempo que institui um ouvinte/interlocutor para si, do qual espera uma "atitude responsiva ativa", na qual seu discurso terá algum tipo de eco. Assim, pode-se pensar que até mesmo um indivíduo, quando conversa consigo mesmo, institui a si próprio como seu interlocutor, numa comunicação consigo mesmo. A pessoa, ao conversar consigo mesma, não formaliza o pensamento para *testá-lo* pura e simplesmente: quer se propor como um interlocutor, quer propor uma troca consigo mesma, assumindo ela própria uma outra voz, a voz de uma contrapalavra.

Linell & Luckmann (1991), num estudo sobre diálogos, entendem que a assimetria é "um traço intrínseco do diálogo" (p. 7) e, mais que isso, "[toma-se como razoável ponto de partida que] *todo* diálogo envolve assimetrias (desigualdades, não-equivalências, etc.) em diferentes níveis" (p. 8, grifo dos autores):

> Em outras palavras, assimetrias e desigualdades são não somente compatíveis com suposições de mutualidade e reciprocidade, elas são também propriedades essenciais de comunicação e diálogo. De fato, se não houvesse, absolutamente, assimetrias entre as pessoas, isto é, se desigualdades de conhecimento comunicativamente relevantes não existissem, haveria pouca ou nenhuma necessidade de muitos tipos de comunicação. (Linell & Luckmann, 1991, pp. 3-4.)

Consideram então noções que são o oposto a "assimetria", fenômeno a ser estudado no seu texto, e que funcionam como os pré-requisitos do diálogo. Indicam a "partilha" (*commonality*) de conhecimentos, o que é objetivamente compartilhado por pessoas que se engajam num ato de interação verbal; a "mutualidade" (*mutuality*) de conhecimentos e suposições, referindo-se às suposições de cada indivíduo, de que ele divide o conhecimento com os outros com quem se comunica, e que os outros sabem que cada sujeito comunicador faz suas suposições desse conhecimento comum; "*reciprocidade*", que, segundo suas próprias palavras,

> [...] finalmente, seria mais diretamente ligada à própria atividade dialógica, referindo-se às circunstâncias que, na co-presença de outros, qualquer ato por um ator é um ato com respeito ao outro; mais precisamente, qualquer ato é feito com o propósito ou expectativa de que o outro fará alguma coisa em retorno, isto é, responder ou, poderíamos dizer, tornar recíproca a ação [...]. Reciprocidade então refere-se à interdependência básica entre interlocutores e entre contribuições para o seu diálogo. Reciprocidade é inerente também à menor contribuição do diálogo, isto é, o enunciado; tal unidade elementar é dependente da contribuição do outro e é co-determinante da próxima contribuição do outro. (Linell & Luckmann, 1991, p. 3.)

A assimetria é um fenômeno que atinge os diálogos e o discurso, posto que, convivendo com a "partilha" de conhecimentos, com a "mutualidade" e com a "reciprocidade", sabe-se que não há totalidade na partilha de conhecimentos nem na oportunidade de participação. "Isto significa que assimetrias e desigualdades de muitos tipos são compatíveis com mutualidade e reciprocidade", dizem os autores (1991) analisando como o fenômeno da assimetria está presente nas interações dialógicas.

É a reciprocidade um dos pré-requisitos que fazem o diálogo caminhar, desenvolver-se: o que um dos parceiros diz é retomado pelo seu interlocutor de alguma maneira. Uma técnica de entrevista como aquela do livro de Ecléa Bosi, em que a autora se propõe afastar-se, recuar para dar passagem à fala do idoso, seu sujeito de pesquisa, por sua própria natureza não se poderia caracterizar como um diálogo no sentido de construção dialógica. Na pesquisa realizada por Ecléa Bosi ocorre uma interpretação diretiva dos dados coletados – as respostas dos idosos –, os quais, tendo sido provavelmente dirigidos pelas perguntas geradoras (atestados pelo próprio resultado, num movimento pelo avesso, nos termos de Romualdo, 1988), não poderiam deixar de registrar a influência emanada do outro pólo da interação verbal. A pergunta certamente direciona, condiciona a resposta, dirige-lhe o caminho, mas só aí se descortina a bilateralidade da comunicação. Não há uma troca entre os interlocutores, não há um verdadeiro diálogo e, segundo Romualdo, "nesse livro [de Bosi] uma das intenções é fazer brotar a fala dos velhos: a autora pretensamente se recua e funda um espaço onde aparecem os velhos, seu discurso" (p. 58).

Não se teria, então, no trabalho de Ecléa Bosi, uma assimetria como a que ocorre, por exemplo, nos dados trabalhados por Markova, Foppa e outros (1991) e como ocorre nas conversas com os meninos de rua, objeto do presente estudo, a qual se configura como constitutiva do diálogo. Como observa Romualdo (1988), trata-se de a pesquisa e o pesquisador não assumirem explicitamente sua presença na construção dos dados ao longo de sua entrevista, ou darem a entender que a fala do entrevistado foi construída sem a presença do outro, parceiro necessário em investigações que operam com instrumentos como a entrevista.

Na entrevista de A. A., e em todas as entrevistas gravadas, a presença da pesquisadora como interlocutora é incontestável. Como já observado, em grande parte das entrevistas as respostas dadas pelos meninos de rua não são suficientes aos objetivos da pesquisa. Esse foi um dos primeiros obstáculos enfrentados na coleta do material. Como forma de superar o problema, a pesquisadora reage, assume posição de verdadeiro interlocutor e busca uma resposta mais completa. Uma outra dificuldade surge quando a pesquisadora percebe que seus sujeitos de pesquisa negam-se, muitas vezes, a responder, permanecendo em silêncio ou afirmando não saber tal coisa ou não entender de que se fala.

Nos primeiros momentos da entrevista, A. A., guiado por perguntas da entrevistadora, dá informações sobre sua identidade, vida antes das ruas, tempo de rua, tempo de instituição, família, parentes, pequenos trabalhos na rua, etc. Essas informações são obtidas ao longo de aproximadamente 160 turnos (T1 a T158). As respostas do garoto são geralmente curtas e incisivas:

>T7 – Onde você nasceu?
>T8 – Sei não.
>T9 – Foi aqui em Salvador mesmo ou foi em cidade do interior?
>T10 – Salvador.

O entrevistado não acrescenta informação, não "enriquece", do ponto de vista da pesquisadora, sua resposta. Observe-se, agora, a passagem abaixo.

>T11 – Aqui em Salvador mesmo, foi? E quanto tempo tem que você tá aqui na Casa D. Timóteo?
>T12 – Um bocado. Já saí, entrei, já saí, entrei.

T13 – Por quê, A.? Por que que você saiu, entrou? O que é que aconteceu?
T14 – Por causa de minha mãe. Ela queria dinheiro pra comprar cachaça.
T15 – Quem?
T16 – Ela queria [...] dinheiro pra comprar cachaça, minha mãe.
T17 – Sua mãe?
T18 – [gesto]
T19 – Mas sua mãe... por que é que você saiu daqui?
T20 – Hum?
T21 – Você saiu, foi pra casa?
T22 – [gesto]
T23 – Ah, e lá ela queria dinheiro pra comprar cachaça? Ela é viciada em bebida, né?
T24 – [gesto]

  Na primeira resposta do menino à pergunta da entrevistadora (daqui por diante ENTR), há uma configuração até não muito comum, essa explicação "a mais" que ele dá de seu movimento contínuo de entrada e saída da instituição, cuja intensificação materializa-se lingüisticamente pela repetição. Mas à pergunta seguinte: "T13 – Por quê, A.? Por que que você saiu, entrou"?, a resposta é incisiva, como se pressupusesse a idéia de que há uma partilha normal de conhecimentos entre os interlocutores: a mãe precisa do menino na rua, tentando arrumar dinheiro. À resposta do menino: "T14 – Por causa de minha mãe. Ela queria dinheiro pra comprar cachaça", a ENTR reage inquirindo sobre quem queria comprar cachaça. O garoto explica e ainda assim a ENTR não aceita a resposta porque não há efetivamente esse conhecimento dividido de que a mãe quer que o filho vá para a rua conseguir dinheiro para que ela possa comprar cachaça; refaz a pergunta até que compreende o que ele queria dizer: "T23 – Ah, e lá ela queria dinheiro pra comprar cachaça? Ela é viciada em bebida, né?" Note que a ENTR tem "dificuldade" para compreender a resposta porque não faz parte de suas referências tal exigência materna. Houve, sem dúvida, um impasse, com comprometimento temporário da comunicação, que revela, certamente, a presença do fenômeno da assimetria do diálogo: suposições indevidas de conhecimento partilhado, por parte de um dos interlocutores, configurando uma infração do pré-requisito da mutualidade: não há tal suposição partilhada e isso faz que a ENTR impeça o desenrolar do diálogo até que uma solução seja encontrada.

Imagina-se que, num diálogo semelhante numa outra situação de interação, com parceiros da comunicação (o garoto e seus pares) dividindo tal "conhecimento", a saber, a relativa freqüência com que mães obrigam seus filhos a irem às ruas para conseguirem cachaça para si mesmas, tal impasse provavelmente não se teria produzido e o desenrolar da conversa seria outro. Essa diferença de referenciais ou de representações das relações familiares cria, evidentemente, pressuposições distintas a serem jogadas nas interações, e é isso o que acontece nesse trecho da conversa.

Observe-se além disso que a explicação ou a explicitação da idéia implícita não é feita em nenhum momento, nem pelo garoto nem pela ENTR. Mas a ENTR serve-se de elementos de seu conhecimento a respeito da situação assimétrica de interação dialógica para chegar ao entendimento daquele referencial; ou seja, ela "se transpõe" para o mundo referencial do outro de forma que entenda o que ele diz. Sem essa postura por parte dos participantes não há diálogo. Note-se no entanto que localmente o entrevistado dispunha do conhecimento que supôs compartilhado, mas é a ENTR, beneficiária da assimetria neste diálogo, que se desloca para o ponto de vista do parceiro, o mesmo não ocorrendo com este em inúmeros turnos em que sua participação se reduz ao silêncio ou ao gesto.

Veja-se mais esta passagem:

T43 – Hum, hum. Quer dizer que você só tem mãe, né, A.?
T44 – É.
T45 – E você tem irmãos?
T46 – Tenho.

T47 – Tem? Mais velho ou menor que você?
T48 – Tem até menor e mais véio.
T49 – Tem menor e tem mais velho. Quantos são?
T50 – Seis.
T51 – Eles estão com quem? Com a sua mãe?
T52 – Não.
T53 – Tão aonde?
T54 – Só... só meu irmão que tá com minha mãe.
T55 – Quantos anos ele tem?
T56 – Nove.
T57 – Nove, né?

À primeira pergunta da ENTR, o garoto responde: "– É." Entende-se que ele, tendo falado que o pai já havia morrido, confirma ter só a mãe. Mais adiante, quando perguntado se ele tem irmãos, ele diz que sim, e, aos poucos, respondendo à ENTR, revela serem meninos e meninas, totalizando seis crianças. Outra vez aqui, percebe-se a objetividade e a brevidade das respostas do menino, mas não se pode acusá-lo de não responder às perguntas ou de não entendê-las. Mais adiante, ao perguntar onde estavam os seus irmãos: "– Eles estão com quem? Com a sua mãe?", ele se limita a responder: "– Só... só meu irmão que tá com minha mãe", e não fala dos outros sobre quem a ENTR havia perguntado. Esse é um procedimento muito recorrente nas entrevistas gravadas; há uma concisão nas respostas que não realiza completamente a expectativa contida nas perguntas do interlocutor. Por que isso ocorre? De novo, parece ser o fenômeno da assimetria atuando nesse momento, localmente. Que tipo de assimetria? Uma assimetria de *status*, posição social, na relação entre os interlocutores, provoca esse distanciamento e diferentes comportamentos lingüísticos dos parceiros da comunicação[2]. Uma maior abrangência na resposta esperada

---

2. Só uma pesquisa realizada no interior do ambiente social em que vivem os meninos de rua, nas relações com seus pares, com seus amigos e familiares, poderia apontar para a total veracidade de tal suposição; sabe-se, no entanto, das dificuldades de obtenção de dados desta natureza, como já apontou Labov na discussão do "paradoxo do observador". Veja-se, sobre isso, LABOV, W. *Language in the Inner City*, 1972.

pelo interlocutor (a ENTR) pode bem ser uma forma de dialogismo que acontece entre parceiros situados num estrato social ao qual pertence este interlocutor.

Para uma camada social menos prestigiada, com outros referenciais culturais, o que é mais imperativo pode ser de uma outra natureza; o imediatismo e a brevidade das respostas pode ter a ver com a pouca importância dada a este tipo de prática de linguagem[3]. Os estudos de Bourdieu (1983), quando ele discute a mais-valia da lingua(gem), começam por uma crítica ao conceito de "competência" tal como a Lingüística o concebe, recusando-se a aceitar a autonomia dessa competência, compreendida como "propriamente lingüística, isto é, a capacidade de engendramento infinito de discurso gramaticalmente conforme" (p. 57). Para o sociólogo, a lingua(gem) não pode ser objeto de um estudo que a veja independentemente das condições sociais em que se dá a comunicação: "Uma ciência rigorosa da linguagem substitui a questão saussuriana das condições de possibilidade da intelecção (isto é, a língua) pela questão das condições sociais de possibilidade da produção e da circulação lingüísticas" (p. 159). Procurando destacar na lingua(gem) o papel que ela tem nas relações sociais, a força de sua existência na vida das pessoas, regulamentando suas atitudes, pressuposições, relações e entendimento entre os homens, Bourdieu discute o conceito criticando a Lingüística que estuda a língua só a partir do momento de sua produção, independentemente de outros fatores socioculturais:

> A estrutura da relação de produção lingüística depende da relação de força simbólica entre os dois interlocutores, isto é, da importância de seu capital de autoridade (que não é redutível ao capital propriamente lingüístico): a competência é também portanto a capacidade de se fazer escutar. A língua

---

3. Graciliano Ramos, com Fabiano (em *Vidas secas*), imortalizou a imagem que se faz das práticas lingüísticas de classes marginalizadas: monossílabos, expressões truncadas, silêncios, gestos.

não é somente um instrumento de comunicação ou mesmo de conhecimento, mas um instrumento de poder. Não procuramos somente ser compreendidos mas também obedecidos, acreditados, respeitados, reconhecidos. Daí a definição completa da competência como direito à palavra, isto é, à linguagem legítima como linguagem autorizada, como linguagem de autoridade. A competência implica o poder de impor a recepção. (Bourdieu, 1983, pp. 160-1.)

E mais adiante:

Decorre da definição ampliada da competência que uma língua "vale o que valem aqueles que a falam", isto é, o poder e a autoridade, nas relações de força econômicas e culturais, dos detentores da competência correspondente (os debates sobre o valor relativo das línguas não podem ser resolvidos no plano lingüístico: os lingüistas têm razão em dizer que todas as línguas se equivalem lingüisticamente: eles erram ao acreditar que todas as línguas se equivalem socialmente). O efeito social do uso autorizado ou herético supõe locutores tendo o mesmo reconhecimento do uso autorizado e conhecimento desiguais desse uso. (Bourdieu, 1983, p. 165.)

Nos dados desta pesquisa – interações verbais como as que se realizam entre o menino de rua e a pesquisadora, assimetricamente constituídas e assim compreendidas desde o início – confirma-se esse entendimento de Bourdieu. O capital de autoridade referente à lingua(gem) legítima do garoto de rua é zero; o contrário se dá com a ENTR, desde o início, para esse garoto, representante da linguagem legítima.

A questão colocada por Bourdieu tem sido lingüisticamente tratada a partir dos estudos sociolingüísticos e das análises conversacionais, com instrumentos conceituais como assimetria e dominância a que já se fez referência. Analisando os dados da pesquisa, pode-se perguntar, com Bourdieu, que crédito, direito à palavra, direito à recepção (capacidade de se fazer escutar) esse garoto pode pleitear junto a esse interlocutor? Ainda que convidado a falar, o garoto de rua não só não teve acesso ao conhecimento lingüístico dado como legítimo como reconhece que, na relação com esse interlocutor que com ele dialoga nesse instante, a sua fala não tem a propriedade, o valor de linguagem de autoridade. A conversa tem o tom que, verdadeiramente, deve assumir: falar para um parceiro que, em geral, considera o seu *habitus lingüístico*[4] como não legítimo. Daí as respostas que, do ponto de vista do interlocutor, soam como incompletas, evasivas. Elas são incompletas, evasivas para a interlocutora/pesquisadora, e podem estar mostrando a resistência do entrevistado. É por isso que muitas vezes insiste-se nas perguntas, parafraseia-se, repete-se até obter alguma resposta que a ENTR considere satisfatória. O comportamento lingüístico da interlocutora decorre de sua vontade de obter certo tipo de informação, motivo que a levou a procurar conversar com o menino. Informações que serão manuseadas como dados, e seu parceiro sabe que são os dados que interessam à ENTR e não o que ele efetivamente diz.

Observam-se, na análise dessa entrevista (e das outras), comportamentos distintos, lacunas percebidas e reveladas no próprio desenrolar do diálogo, que poderiam levar a conclusões apressadas sobre a *performance* lingüística dos falantes, conclusões que em geral desfavorecem o interlocutor tido como de menor capital lingüístico. Nos casos aqui estudados, poder-se-ia precipitadamente afirmar que as regras da prática do diálogo foram quebradas quando as respostas não correspondessem totalmente às expectativas da ENTR/pesquisadora. Entretanto, a incorreção de interpretações que apontariam para um comportamento lingüístico problemá-

4. Por *habitus* lingüístico Bourdieu entende a "disposição permanente em relação à linguagem e às situações de interação, objetivamente ajustada a um dado nível de aceitabilidade. O *habitus* integra o conjunto das disposições que constituem a competência ampliada definindo para um agente determinado a estratégia lingüística que está adaptada às suas chances particulares de lucro, tendo em vista sua competência específica e sua autoridade" (BOURDIEU, 1983, p. 171).

tico (neste caso, do menino de rua) já foi demonstrada por inúmeras pesquisas, de modo exemplar por Labov em seus estudos sobre o *black-english* dos adolescentes negros de algumas cidades americanas[5].

No trecho abaixo transcrito o tema destacado é "a família". Em geral, a ENTR aproveita um viés dado pela própria conversa para introduzir os temas a serem estudados. O que se vê é algo muito recorrente nas várias entrevistas: gestos, silêncios, respostas curtas e evasivas: "– Gosto [da família]"; "– É [família é bom]". O que se vê nessa entrevista encontra-se em outras, mas não é sempre assim que acontece. Há tentativas de conceituar "família" através de predicações do tipo: família ajuda, não deixa o indivíduo só, família protege, etc.

    T69 – Então você tem um bocado de gente que mora... da sua família, não é? Que é que cê acha, A., você gosta de sua família?
    T70 – Gosto.
    T71 – É bom uma pessoa ter família?
    T72 – É.
    T73 – É? Por que que uma família é bom pra pessoa? Diga aí o que é que você acha assim, por que que ter família é bom pra pessoa?
    T74 – É...
    T75 – Que é que você acha?
    T76 – [silêncio]
    T77 – Não tem importância da forma como você fale, o que você achar você diz.
    T78 – [silêncio]
    T79 – Você acha que um garoto como você, uma menina da tua idade, mais velho, mais novo, pra essas pessoas, pra gente, é importante ter família?
    T80 – [gesto]
    T81 – É. Por quê? O que que a família faz pra gente?

5. A pesquisa aqui referida foi consultada, para este estudo, na sua versão francesa: LABOV, W. *Le parler ordinaire. La langue dans les ghettos noirs des États-Unis.*

T82 – [silêncio]
T83 – Você não sabe? Não tá querendo falar?
T84 – [silêncio]
T85 – O que é uma família? É pai, mãe, né isso – você não tem pai que seu pai morreu, sua mãe tá viva – irmãos, como é que é os irmãos, a mãe podem ajudar a gente?
T86 – [pausa] Trabaiando [voz fraca].
T87 – Trabalhando? E aí?
T88 – [silêncio]
T89 – Quem trabalhando? A gente ou eles?
T90 – Eles e a gente.
T91 – Sim, tio, e aí, que mais? Trabalhando o que é que acontece?
T92 – Recebe o dinheiro.
T93 – Sim...
T94 – Sai, compra comida.
T95 – Compra comida. Que é mais? É só a comida que é importante?
T96 – Roupa...
T97 – Sim...
T98 – [...] material pra dentro de casa.
T99 – Material pra dentro de casa, pra construção, você tá falando?
T100 – Porque lá é casa de tauba.
T101 – É de tábua, é?
T102 – [...] porque é invasão que abriu agora. Minha mãe não tem condições de [...].
T103 – Hum, hum. Então. E é só por isso que a família é bom?
T104 – [silêncio]
T105 – Tem mais alguma coisa que você acha que a família é bom?
T106 – Eu me esqueci.
T107 – Você esqueceu, foi? Tem muito tempo que você tá longe da sua família?
T108 – [gesto]

Sem dúvida, o que mais chama a atenção nesse trecho é a forte presença do silêncio e das respostas gestuais. E a primeira pergunta que ocorre é: por que tanto silêncio? O que faz o menino calar-se diante do que lhe foi perguntado?

O diálogo só continua porque a ENTR investe na interação e vai cercando o menino de perguntas, rodeando a questão, até chegar a propor uma configuração de família, fundamentada na *sua* (dela) representação, com base na sua (dela) própria experiência:

"T85 – O que é uma família? É pai, mãe, né...?"

E termina com uma questão que faz o entrevistado emitir uma resposta:

"T86 – Trabaiando."

A ENTR vai, aos poucos, à cata de respostas que possam de alguma maneira atingir o cerne de suas questões: as predicações com as quais o menino "situaria" a importância da família: "– E que mais? E daí, o que acontece?" Em geral, as entrevistas apresentam essa insistência por parte da ENTR para obter as respostas desejadas. E isso não só com relação ao tema "família". Configura-se um movimento dialógico na tentativa de obtenção de comentário sobre qualquer um dos temas, mas não é uma conversa "fácil", no sentido de que não é fácil obter, dos sujeitos da pesquisa, suas opiniões a respeito de tais assuntos. No que diz respeito às informações solicitadas sobre suas vidas nas ruas, andanças, brincadeiras, dificuldades, atropelos ou dados pessoais de identidade, as respostas são mais imediatas, rápidas e fluentes, mas restritas à pergunta, sem acrescentar comentários.

Observe-se também que a ENTR busca realizar uma fala com sintaxe bem oralizada, bastante informal, incorporando até mesmo itens lexicais do entrevistado. Não fala, entretanto, a mesma variante lingüística; fala a sua variante na forma mais coloquial possível:

T105 – Tem mais alguma coisa que você acha que a família é bom?

T179 – O que é duas broca? Como é?

T245 – Seus colegas, por exemplo, por que que eles dizem que vão viver na rua?

T275 – Porque não trabalha, né? Os que têm condições é porque trabalha...

T417 – É? Quer dizer que você acha que a escola é importante ou não é importante pras crianças?

T185 – Você sabe o risco que você corria se você arrumasse pedra nele, não é?

Há configurações que são típicas do dialeto da ENTR na sua forma coloquial, em perguntas: "Por que que eles dizem...?", que equivale à forma padrão: que razões eles dão quando dizem que vão viver nas ruas? O penúltimo exemplo não deve ser entendido como uma má transcrição em que não se obedeceu à entonação marcadora de um padrão sintático de alternância do tipo: "Quer dizer que você acha que a escola é importante? Ou (você acha que a escola) não é importante pras crianças?" Na verdade, o que ocorre aí é típico da oralidade, em que um dado movimento sintático é interrompido e o locutor refaz a direção do seu enunciado, constituindo uma construção sintática que lembra o *anacoluto*, dado o desvio abrupto da forma inicialmente projetada.

Essas passagens mostram que há um esforço de adequação entre os interlocutores, a ENTR tentando de certa forma atenuar a assimetria que, já de início, imagina encontrar no diálogo.

Como se pode observar, não há questões de desentendimento ou de incomunicabilidade no diálogo, supondo-se que as respostas gestuais ou ainda o silêncio tão freqüente não correspondam exatamente ao que se entende por falha na comunicação. Não há, é certo, completa correspondência de expectativas, mas isso supõe uma análise que não diz respeito apenas às questões de ordem estritamente lingüística. Desse ponto de vista, não há enunciados não compreendidos, não há movimentos não percebidos na sua totalidade, sem significados, não há sintaxe opaca, não entendida. Há atitudes do entrevistado em relação ao que ouve no sentido de não expressar sua posição ou opinião diante do que lhe é perguntado, por razões que fogem a questões meramente lingüísticas. Essa questão do silêncio e do gesto, que acabou por ser da maior importância, será retomada mais adiante, de maneira que se vejam mais detalhadamente as razões pelas quais nesse diálogo – a exemplo da quase maioria das entrevistas gravadas – há, com tanta prodigalidade, o silêncio; trata-se de procurar entender a opção das crianças/adolescentes pelo silêncio ou pela resposta evasiva, revelada numa simples resposta gestual, distante, quase não comprometedora: um rápido movimento de cabeça, ou de ombros, quase querendo dizer: "tanto se me dá".

Há ainda algumas outras passagens do diálogo que merecem atenção no exame do processo das entrevistas:

> T187 – Venha cá, e na sua opinião, então, é... qual é a função que a polícia tem... qual é a função da polícia? Pra que que serve a polícia?
> T188 – Pra pegar os [ladrõe].
> T189 – Pegar os ladrão, né? É só pra isso?
> T190 – Pra resolver um bocado de [...] lá.
> T191 – Resolver o quê?
> T192 – Um bocado de paróquia aí.
> T193 – Um bocado de quê? Paróquia? O que é paróquia, A.?
> T194 – Um bocado de coisa.
> T195 – Um bocado de coisa, né, tio? E você acha que a polícia tá fazendo aquilo que tem que fazer mesmo ou não?
> T196 – Tem.
> T197 – A polícia só faz aquilo que tem que fazer, que é prender ladrão e resolver os problemas?
> T198 – [gesto]
> T199 – Não, né? Você gosta da polícia?
> T200 – [gesto?]
> T201 – Por que é que você acha que ela não tá fazendo aquilo que tem que fazer?
> T202 – [silêncio]
> T203 – Ela faz coisas que não devia fazer?
> T204 – Não.
> T205 – Ela só faz aquilo que tem que fazer?
> T206 – Nem todas.

T207 – Nem todas, né? Por exemplo, quando ele bateu no seu ouvido aí, ele devia fazer isso?
T208 – Não.

Observa-se nessa passagem um momento em que parece haver uma incompreensão do garoto em relação ao que lhe pergunta a ENTR, o que poderia levar, precipitadamente, ao entendimento de uma incompetência lingüístico-discursiva do menino. O que, obviamente, não é o que ocorre. No correr do diálogo, a ENTR pergunta: "T195 – [...] E você acha que a polícia tá fazendo *aquilo que tem que fazer mesmo ou não?*" O garoto responde algo que não corresponde ao movimento esperado: "T196 – Tem." Esperava-se algo como "sim", "não", "mais ou menos", mas não "tem". O que ele diz não satisfaz a expectativa, e a ENTR retoma a pergunta, refazendo-a: "– A polícia só faz aquilo que tem que fazer, que é prender ladrão e resolver os problemas?" (Observe-se aqui o uso de palavras tais que *só*, *tem que*, que contribuem, no enunciado, para um movimento argumentativo de uma possível conclusão – a polícia não faz sempre o que devia fazer e faz o que não devia fazer.) O garoto responde gestualmente que não e a ENTR extrai disso o pressuposto de que o menino entende que: "a polícia não faz só aquilo que tem que fazer". Então a ENTR reformula a pergunta questionando o garoto sobre as razões dessa atitude da polícia: "T201 – Por que é que você acha que ela não tá fazendo aquilo que tem que fazer?" Obtém como resposta um novo silêncio. Posteriormente, a ENTR pergunta: "T205 – Ela só faz aquilo que tem que fazer?", ao que o entrevistado responde "T206 – Nem todas"; isto é, ele afirma que a polícia *não* faz só o que devia fazer. A ENTR interpreta, então, a resposta "tem", anterior, como um "desvio" de foco em relação à fala da interlocutora: o que o entrevistado focaliza não é a totalidade do enunciado mas uma parte dele – a polícia tem que fazer (aquilo) mesmo ou não? –, o que ao mesmo tempo revela um domínio linguístico-discursivo no sentido de dar um direcionamento ao seu discurso. O que o garoto reteve da pergunta feita é: "– [...] a polícia *tem* que fazer aquilo mesmo ou não (tem que fazer)?" E nesse caso, a resposta "– Tem" é perfeitamente cabível.

A ENTR vai refazendo suas perguntas direcionando-as, ainda que não explicitamente, para o ponto sobre o qual ela deseja que o seu sujeito se pronuncie: a instabilidade do comportamento da polícia. Essa é sem dúvida uma das maneiras que a ENTR utiliza para dar um direcionamento às respostas do menino. Considerando o texto do diálogo até esse ponto, parece haver um movimento nas palavras do menino em direção a uma aprovação das atitudes da polícia: ela (a polícia) pega ladrões, resolve paróquia, tem (que fazer isso mesmo), não faz coisas que não deve fazer. É a entrevistadora, pelo insistente questionamento, segmentando os enunciados para torná-los mais precisos, fazendo pressuposições, bem como pelo uso de operadores argumentativos como *só, tem que, nem*, quem conduz o entrevistado a afirmar que a polícia não faz todas as coisas que deveria fazer. Conseguindo esse resultado, a ENTR não se dá por satisfeita e retoma o episódio narrado anteriormente, para levar o garoto a dizer que a polícia faz coisas que não devia fazer. É importante notar nesses momentos dialógicos que há um embate entre duas representações de polícia.

Nesse jogo que se estabelece no diálogo entre o menino e a ENTR intervêm pressuposições, suposições, crenças, conhecimentos, representações, intenções: a pesquisadora/ENTR tem, em princípio, seus interesses definidos pelo estudo que realiza, orientados pelas suas próprias representações da sociedade, de seus organismos, de suas instituições; por outro lado, na conversa que tem com o garoto, atua todo o tempo também com as suposições que faz das representações de mundo de seu parceiro. O garoto, por seu lado, também tem seu conjunto de representações, até mesmo referente à pessoa do seu interlocutor, representante que é de uma outra classe social. O jogo se faz então tentando cada qual se movimentar dentro do campo discursivo possível. Não se pode dizer qualquer coisa a qualquer interlocutor, em qualquer situação. Novamente aqui se poderiam lembrar as reflexões de tantos estudiosos da filosofia da linguagem, a exemplo de Foucault, quando fala das restrições do discurso. Ou retomar as palavras de Bourdieu, em texto citado anteriormente:

> A ciência adequada do discurso deve estabelecer as leis que determinam quem pode falar (de fato e de direito), a quem e como [...]. Entre as censuras mais radicais, mais seguras e melhor escondidas, estão aquelas que excluem certos indivíduos da comunicação (por exemplo, não os convidando para os lugares onde se fala com autoridade ou colocando-os em lugares sem palavras). Não falamos a qualquer um; qualquer um não "toma" a palavra. O discurso supõe um emissor legítimo dirigindo-se a um destinatário legítimo, reconhecido e reconhecedor. (Bourdieu, 1983, p. 161.)

Falar da polícia nesse momento pode não ser a situação legítima e adequada de que fala Bourdieu: que locutor é esse menino para falar desse assunto a esse destinatário? Que autoridade é essa que lhe concedem convidando-o para falar desse assunto a essa interlocutora? Quem é essa interlocutora para perguntar sobre isso? Que ela fará com as respostas?

Para a análise do discurso de linha francesa, o ato discursivo é marcado pelas imagens que os interlocutores se fazem uns dos outros e daquilo de que falam: quem sou eu para falar assim ao meu interlocutor? Quem é meu interlocutor para que me fale dessa maneira? De que lhe falo eu?[6]

Nesse jogo, em que se joga com as diversas representações de mundo dos dois interlocutores, é importante dizer que a linguagem não está à disposição de seus participantes para "corporificar" essas imagens. Nesse jogo, entrevistador

---

6. Para melhor esclarecimento dessas noções de *imagens* e outras utilizadas pela análise do discurso, remete-se o leitor ao texto de OSAKABE, H. *Argumentação e discurso político;* também GADET & HAK, (orgs.). *Por uma análise automática do discurso. Uma introdução à obra de Michel Pêcheux,* dentre outras (ver Referências bibliográficas).

e entrevistado, como interlocutores/sujeitos que são, vão construindo e reconstruindo seus referenciais, seus conceitos, reorganizando suas compreensões, ao tempo em que vão também constituindo e reconstituindo a lingua(gem), que atua sobre o sistema de referências, retomando o pensamento de Franchi discutido anteriormente. As representações de que partem ao iniciar o diálogo são continuamente recuperadas, renovadas, reconstruídas nos vários momentos de interação dialógica de que participam.

Em boa parte das situações, as respostas dos garotos são sucintas, monossilábicas e rarefeitas de predicações: são freqüentes as passagens em que se observa que é a ENTR quem vai dando as pistas para deflagrar respostas. Veja-se o trecho abaixo, quando se discute sobre coexistência de riqueza e pobreza, e desigualdade social:

T272 – Eu acho que eles não tem... não tem condições.
T273 – Por que que uns têm condições e outros não têm condições nenhuma?
T274 – Porque não trabalha.
T275 – Porque não trabalha, né? Os que têm condições é porque trabalha...
T276 – Não, não percura [= procura] trabalho.
T277 – Então é só... depende da pessoa? Só depende da pessoa procurar trabalho?
T278 – Não.
T279 – Depende de mais o quê?
T280 – De um bocado de coisa.
T281 – E é fácil encontrar trabalho? Você já procurou algum trabalho?
T282 – Não, [mas é que eu] eu sou da escola do Projeto Axé e da banda.

Aqui se vê mais claramente como a ENTR vai "extraindo" respostas, fazendo o garoto ir predicando sobre as coisas que lhe são perguntadas: "alguns são pobres porque não têm condições e isso acontece porque eles não têm trabalho, na verdade eles não procuram trabalho. Mas ser pobre não depende só de o indivíduo procurar ou não trabalho, depende de outras coisas, de um bocado de coisa". É possível que se diga que esse não é o discurso que brotou, espontaneamente, do menino, que esse discurso foi "extraído" pelo interlocutor, que lhe deu as pistas para ele construir o seu discurso. Não se deve esquecer, porém, que as pistas também vieram da fala do próprio menino. Mais coerente será dizer que esse discurso foi co-enunciado, num trabalho interativo entre os seus interlocutores.

O que ocorre é que as situações de fala comumente propostas ao menino de rua não ultrapassam questões mais imediatas, determinadas por sua própria condição material de vida, em que o aqui e agora é o mais importante, como o alimento, sem o qual não pode sobreviver.

Aqui, num trabalho conjunto, os interlocutores vão tecendo um produto lingüístico e construindo novos referenciais, dando corpo a novas representações do mundo. O menino, em um dado momento, refaz seu dito e corrige: "T276 – Não, não percura trabalho", interrompendo a fala do seu interlocutor. Debruça-se sobre o que tinha dito e reconstrói, com nova e diferente feição, a sua expressão lingüística. É a lingua(gem) tomada como uma atividade constitutiva, como um trabalho do locutor numa situação de fala. Dessa virada do menino, segue-se também um novo rumo ao diálogo, retomado pela ENTR: "T277 – Então é só [...]. Só depende da pessoa procurar trabalho?" E a conversa toma novo caminho: "– Não."

> T293 – Hum, hum. Quer dizer que você acha que as pessoas... tem umas ricas e outras pobres porque algumas trabalham e outras não?
> T294 – [gesto]
> T295 – Você acha então que a culpa é só dessas pessoas que não querem trabalhar, é?
> T296 – [gesto]
> T297 – Não é só delas, não. É de quem mais, a culpa?
> T298 – Do governo.
> T299 – Do governo, tio? Por quê? Me explique aí.

capítulo 2 • 75

T300 – [silêncio]
T301 – Eu... tô achando interessante. Diga aí, por que é que você acha que é do governo também? Como é que o governo entra nisso?
T302 – Ele podia arranjar trabalho.
T303 – O que é que o governo faz em relação a essas pessoas pobres?
T304 – Sei lá.
T305 – Não sabe não? Você acha que o governo olha para essas pessoas pobres?
T306 – Olha.
T307 – Olha? Você acha que ele tá cuidando das pessoas pobres?
T308 – Sei lá.

Perguntado se a "culpa da falta de emprego é só da própria pessoa", ele responde que não. Repetindo o mesmo processo, a ENTR vai "puxando" o assunto e o garoto vai falando aos poucos: "a culpa é do governo também"; "o governo não arruma trabalho para as pessoas". A ENTR insiste tentando "arrancar" mais idéias do menino e pergunta se "o governo olha para essas pessoas". À primeira vista o garoto parece concordar que o "governo olha para as pessoas pobres". A ENTR parece surpreendida com a resposta e repete o verbo: "T307 – Olha?", refazendo em seguida a pergunta, utilizando outros itens lexicais: "– Você acha que ele tá cuidando das pessoas pobres?" Observe-se que à questão retomada o garoto diz: "– Sei lá", e essa resposta poderia ser tomada como incoerência se se entende que ele compartilha com a sua interlocutora o mesmo significado de "olha" com sentido de "cuida", "atende às necessidades". Ele pode, entretanto, não conhecer esse mesmo sentido de "olha", em construções sintáticas como essa, e "olhar" para ele pode ter apenas o significado de "ver, perceber a presença". Ou seja, o governo sabe da existência das pessoas pobres. A ENTR, como interlocutora que é, com seus próprios pressupostos e seu uso de linguagem, serve-se de uma palavra que acredita ter para o seu parceiro o mesmo sentido que para ela. Isso pode não ter acontecido. "Sei lá" pode estar respondendo somente a "cuidar", e o entrevistado não se sente em condições para uma resposta do tipo "sim/não" porque há aqueles que são cuidados e aqueles que não são, mas a todos o governo enxerga, olha.

Certamente o garoto não tem definida sua representação quanto ao papel que o poder pode desempenhar junto às diversas classes sociais e quanto a sua responsabilidade para com a sociedade como um todo. Ele oscila, diz que a pobreza é responsabilidade do governo, porque não ajuda concedendo trabalho; diz que o governo olha o povo, e por fim diz não saber se o governo está cuidando das pessoas pobres. É evidente que tal representação pode não estar tão definida assim para o menino, uma vez que ele mesmo é produto de uma situação em que *de fato* a representação do papel do governo junto à sociedade é algo escorregadio, vacilante, difuso; para ele talvez coubesse melhor o entendimento do ditado: "Cada um por si, Deus por todos." Mas falar de seu distanciamento, descompromisso em relação a essa questão é negar suas próprias palavras anteriores, quando afirma que o governo é responsável por essa situação de pobreza, não oferecendo condições decentes de vida mediante o trabalho. Uma pergunta é pertinente aqui: haveria dúvida quanto à interpretação de não-partilha do significado da palavra "olha" nessa construção, para explicar a possível incoerência que se coloca naquele momento do discurso, se se tratasse de um locutor "portador" de um capital lingüístico autorizado, segundo o conceito de Bourdieu?

Por outro lado, é o caso de lembrar que o garoto é entrevistado dentro de uma casa de assistência social mantida pelo governo; isso faria com que ele naturalmente procurasse se proteger de sua interlocutora, desconhecida para ele, alegando não saber ou ocultando suas verdadeiras opiniões. Ou seja, ele não se pronunciou tão desfavoravelmente ao governo quanto à atenção ao povo mais pobre porque poderia, quem sabe, sofrer algum tipo de punição – ele, que nesse momento é beneficiário de uma ação oficial.

Há uma passagem em que se fala sobre o Natal, que vale a pena analisar:

T519 – A véspera é mais festejada ainda, né? De noite, as pessoas se juntam, conversam, dão risada, brincam, não tem nada de briga. Por quê? Porque Natal é pra lembrar do nascimento de Jesus Cristo. Não é? Você acredita em Deus?
T520 – Credito.
T521 – E Jesus?
T522 – [silêncio]
T523 – Me diga uma coisa: você acha que Jesus e Deus é a mesma coisa?
T521 – [gesto]
T525 – Não? Quem é Deus?
T526 – Deus nasceu premero do que Jesus.
T527 – Deus nasceu primeiro do que Jesus. Jesus, portanto, era o quê?
T528 – Hã?!
T529 – Jesus era o que de Deus?
T530 – Filho.
T531 – Filho. Mas ele também é Deus?
T532 – Não.

Nesse trecho da conversa, pode-se perceber como cada interlocutor concorre para o ato comunicativo com suas próprias pressuposições, incluindo aquelas sobre a língua(gem) e seu uso. Motivada pelo silêncio do menino à questão: "T521 – E [você acredita em] Jesus?", e por sua resposta negativa gestual à pergunta sobre a identificação entre Deus e Jesus, a ENTR questiona então o menino sobre a identidade de Deus. O garoto responde apelando para a anterioridade de nascimento de Deus em relação a Jesus. A ENTR prossegue o diálogo inicialmente repetindo as palavras do menino: "– Deus nasceu primeiro do que Jesus". E, como se entendesse que aquela seqüência de nascimentos significasse haver alguma relação a mais entre Deus e Jesus, segue com uma pergunta contendo um lexema próprio de estruturas conclusivas – *portanto* –, mais freqüente em dialetos de pessoas escolarizadas: "T527 – [...] Jesus, portanto, era o quê?" A resposta do garoto é uma pergunta marcada, de modo muito pertinente, pela exclamação: "T528 – Hã?!" Pode ocorrer a alguém entender, precipitadamente, que não houve entendimento, por parte do garoto, da pergunta em virtude da presença dessa conclusiva. Sem dúvida, a conjunção conclusiva não é uma forma lexical tão recorrente na fala dos garotos[7], pelo menos no que diz respeito aos dados que foram coletados para este estudo. Talvez a presença da conclusiva seja responsável pela exclamação do menino e interrupção do diálogo. Se confirmada tal hipótese, as razões não remetem a desconhecimento da palavra (de seu uso), pobreza de vocabulário do sujeito/menino de rua, incompetência cognitiva ou coisas do gênero. Na verdade, logicamente imprópria aí é a fala da ENTR, ilustrando mais um caso de assimetria do diálogo: com base em suas próprias pressuposições, negligenciando as do parceiro, a locutora imagina que se pode concluir algo – Jesus é Deus ou Jesus é filho de Deus – a partir do que foi dito antes: "T527 – Deus nasceu primeiro do que Jesus." Ora, isso só se sustenta se houver idéia prévia consensual de que Jesus é também Deus, parte do conhecimento religioso/católico da ENTR, que supõe que esse conhecimento é partilhado com seu interlocutor. Note-se contudo que o menino já havia dado sinais de que essa partilha de conhecimento não existia em sua totalidade, quando disse anteriormente que Jesus e Deus não são a mesma coisa. Ele não poderia, então, concluir de "Deus nasceu primeiro do que Jesus" que "Jesus é também Deus". Também não poderia concluir que "Jesus é filho de Deus". A exclamação do menino procede. Primeiro, porque ele não partilha o conhecimento ou a crença do seu parceiro de que Jesus, como filho de Deus, é também Deus; segundo, para

---

7. Quer-se dizer aqui que palavras conclusivas como *portanto*, *logo* não aparecem nos dados registrados; mas há formas, como *então*, utilizadas pelos meninos e meninas com sentido de conclusão, inferência em seus momentos de opinião sobre os temas arrolados.

concluir que "Jesus é filho de Deus" a partir do enunciado "Deus nasceu primeiro do que Jesus", como sugere o *portanto* da pergunta da ENTR, é necessário o conhecimento prévio partilhado de que "Deus e Jesus são da mesma natureza divina e diferente dos homens, e que Jesus, tendo nascido depois, é seu filho". Diante da exclamação, a ENTR retoma a pergunta, liberando-a, agora, do tom de conclusão e lhe dando nova feição: "– Jesus era o que de Deus?" Mais adiante o menino/sujeito confirma que de fato há um conhecimento, suposto partilhado, que não existe para ele. É quando ele responde que "Jesus não é Deus" à pergunta da ENTR: "T531 – Filho. Mas ele também é Deus?"

Retorne-se agora à passagem da conversa relativa à questão da polícia. As primeiras respostas do menino apontam para uma representação de polícia em que o organismo policial se mostra praticando ações adequadas à sua função (T188-204): "polícia prende os ladrão", "resolve paróquia", "tá fazendo o que tem que fazer", "não faz coisa que não deve fazer". No desenrolar do diálogo, "orientado" pelas perguntas diretivas da interlocutora (como já se viu), o menino vai dando outras predicações relativas à polícia, ou se abstém de responder:

> T197 – A polícia só faz aquilo que tem que fazer, que é prender ladrão e resolver os problemas?
> T198 – [gesto]
> T199 – Não, né? Você gosta da polícia?
> T200 – [gesto?]
> T201 – Por que é que você acha que ela não tá fazendo aquilo que tem que fazer?
> T202 – [silêncio]
> T203 – Ela faz coisas que não devia fazer?
> T204 – Não.
> T205 – Ela só faz aquilo que tem que fazer?
> T206 – Nem todas.

Dessa passagem em diante, na interação que se processa entre esses dois interlocutores, começam a aparecer outras predicações à polícia, que não são muito compatíveis com aquelas que o menino apontara antes: "a polícia não faz só aquilo que tem que fazer que é prender os ladrões e resolver paróquia"; ele (o menino) não gosta de polícia, nem todas as coisas que ela faz são coisas que ela deveria fazer. Observe-se que essas predicações convivem com: "A polícia não faz coisa que não devia fazer." Atente-se para o fato de que quase todas essas predicações relativas à polícia apareceram na fala da ENTR, sob a forma de questionamentos, e não na fala do menino. Ele se limitou a responder às questões formuladas pela ENTR, e o fez nas duas primeiras com gestos e nas duas últimas com as expressões: "Não" e "Nem todas". Absteve-se de falar sobre as razões que, para ele, levam a polícia a "não fazer só o que tem que fazer".

Por outro lado, as relações que esse menino mantém com a polícia não são boas: a polícia já lhe deu duas brocas no ouvido; ele não gosta de polícia; ao ser preso queria dar uma pedrada no policial; se fosse "de maior" e fosse preso, daria uma pedrada no policial, mesmo sabendo que corria risco. Duas representações se mostram aqui: aquela que aponta para um lado positivo da polícia na sua relação com a sociedade, que é livrá-la dos ladrões e resolver os problemas; e uma outra, essa prejudicial e de conflito para o menino, uma vez que a relação é de confronto, todo o tempo com essa mesma polícia. A leitura desse trecho leva a pensar, quase que imediatamente, que o garoto não se percebe como parte dessa mesma sociedade que recebe benefícios da polícia; estando de um outro lado, o lado da marginalidade, sofre com a polícia e não tem razão para gostar dela. E se abstém de falar ou se mostra reticente quando se trata de apontar deficiências no desempenho da polícia ou de avaliá-la. Adiantando um pouco a questão do estudo das representações sociais que povoam a mente de pessoas, crianças ainda, desassistidas tão violentamente como essas que são aqui entrevistadas, pode-se dizer que concorrem contraditoriamente, na formação de suas consciências, modelos quase que opostos de atribuições de organismos tais como a polícia. Na cabeça de A.A. há a idéia de que a polícia deve prender os ladrões e resolver problemas entre as pessoas da sociedade; por outro lado, ele é preso e sofre agressões brutais como a que descreve. E a polícia tem que fazer o que ela faz, embora não faça sempre só o que tem que fazer, e faz coisas que não deve fazer. Uma dessas imagens corresponde a sua própria experiência de vida, outra advém de fontes discursivas com as quais teve contato em suas diversas interações: polícia prende e deve prender ladrões, polícia resolve problemas.

Observe-se, porém, o que acontece no fragmento abaixo, em continuidade ao trecho citado. De uma idéia de polícia que "tem que fazer o que faz e que não faz coisa que não deve fazer", o menino/sujeito, interpelado pela ENTR, vai constituindo novos referenciais do tema em torno aos quais pode se orientar, como se os estivesse, ao mesmo tempo, desvelando e criando:

> T207 – Nem todas, né? Por exemplo, quando ele bateu no seu ouvido aí, ele devia fazer isso?
> T208 – Não.
> T209 – Não, né? Por que que não devia fazer isso?
> T210 – Eu sou de menor.
> T211 – É só por isso?
> T212 – [silêncio]
> T213 – Se você fosse de maior ele podia arrumar a mão no seu ouvido assim?
> T214 – Sei lá.
> T215 – Hein? Já pensou nisso?
> T216 – Oxe, se eu fosse de maior eu dava, eu dava, eu dava uma pedrada na cabeça dele, [depois] dava um murro na cara dele.
> T217 – Sim, tudo bem. Mas a pessoa pode assim, mesmo polícia, chegar e bater assim no outro? Que é que você acha?
> T218 – [gesto]

T219 – Não, né? Por que que não pode?
T220 – Porque não é o direito dele.
T221 – Ah! E como é o direito dele?
T222 – Ir conversar.
T223 – Que mais, tio?
T224 – [silêncio]
T225 – Se a pessoa errou, por exemplo, se fez alguma coisa errada mesmo, o que é que ele tem que fazer?
T226 – Prender.
T227 – Prender. E antes de prender?
T228 – Conversar.
T229 – Conversar, não é isso? Então a polícia nem sempre faz aquilo que tem que fazer?
T230 – [gesto]
T231 – Não, né? Você conhece muitos meninos que estão morando na rua, não conhece?

A leitura desse diálogo mostra um direcionamento, sem dúvida, pela ENTR, mas o caminho se faz em conjunto entre os dois parceiros. A ENTR não diz ao menino qual seu entendimento do que é a polícia nem explicita o que ela deve ser segundo seus próprios referenciais. As perguntas que faz, entretanto, vão "orientando" as respostas do garoto para determinadas direções que, de algum modo, se opõem ao que antes o garoto vinha colocando: do saldo positivo da polícia na sua relação com a sociedade, uma sociedade da qual o menino não se percebe como participante, pouco a pouco chega-se ao entendimento de que ele próprio, ao sofrer injúrias e maus-tratos por parte de policiais, é a prova de que a polícia não age sempre como deveria agir na sua tarefa de dar segurança à população, conforme o discurso oficial preconiza.

À pergunta da ENTR sobre se a polícia devia dar "duas brocas" no seu ouvido, o menino responde que não. A interlocutora insiste em saber as razões de a polícia não dever fazer isso, e ele diz: "– Eu sou de menor." É interessante já observar aqui os ecos da nova ordem em relação às crianças no mundo, que fez surgir no Brasil, entre outros procedimentos, o documento *Estatuto da Criança e do Adolescente*,

capítulo 2 • 83

assegurando-lhes garantias e condições infelizmente ainda só no papel. O garoto de fato já partilha esse novo conhecimento, embora não possa fazê-lo valer. Em seguida, ao ser perguntado se, estando ele na condição de adulto, a polícia teria o direito de lhe bater, sua primeira manifestação provém da experiência que conhece: ele socaria o policial. Mas a ENTR ignora esse argumento e insiste até que ele comece a apresentar argumentos que o levam a concluir, junto com a interlocutora, pelo autoritarismo da ação policial em relação a determinados sujeitos, que também pertencem à sociedade e que a polícia deveria proteger. Observe-se a seqüência: a polícia não devia bater nele porque ele é "de menor"; se fosse "de maior", ele não sabe (se ela devia bater); se fosse "de maior", ele reagiria dando um murro no policial; a polícia não devia bater porque não é direito dela; a polícia devia antes conversar; a polícia devia prender quando a pessoa faz alguma coisa errada mas devia antes conversar com a pessoa; (finalmente) a polícia não faz só o que deve fazer.

É importante tecer algum comentário sobre o "silêncio" do garoto nas respostas a várias perguntas. Na entrevista de A.A., o silêncio aparece principalmente centrado nas respostas relativas aos temas "família", "polícia", e em outros momentos espaçados. O silêncio dos meninos é algo muito recorrente em todas as conversas, em algumas mais, em outras menos, todas, no entanto, contemplam essa saída. É claro que esse silêncio não é vazio de implicações ou de significações. Ele se apresenta ao lado das respostas plenas, por isso deve haver uma razão para o seu aparecimento. Segundo Bourdieu, mais uma vez retomado aqui, o ato comunicativo é marcado por uma "tensão objetiva média" resultante da distância entre reconhecimento e conhecimento de uma variante lingüística que é considerada como a linguagem legítima, autorizada. Numa situação de fala, os participantes se comportam de acordo com o domínio que têm desse uso lingüístico consagrado, autorizado.

A tensão correlativa à grande distância entre o reconhecimento e o conhecimento, entre o nível objetiva e subjetivamente exigido e a capacidade de realização, se manifesta por uma forte insegurança lingüística que atinge seu paroxismo nas situações oficiais, engendrando "erros" por hipercorreção dos discursos de comícios [...]: é nas camadas superiores das classes populares e na pequena burguesia que a insegurança e, correlativamente, o alto grau de vigilância e censura atingem o seu máximo. Com efeito, *enquanto as classes populares estão colocadas diante da alternativa livre-falar (negativamente sancionado) ou silêncio*, os membros da classe dominante, cujo *habitus* lingüístico é a realização da norma ou a norma realizada, podem manifestar o desembaraço que lhes dá a segurança (estritamente oposta à insegurança) e a competência real a ela freqüentemente associada. [...] (Bourdieu, 1983, pp. 175-6, grifos meus.)

Não se pode pensar, no caso das entrevistas, numa tensão objetiva entre o reconhecimento e o conhecimento de uma variante legítima autorizada, por parte do menino de rua, se se considera apenas a questão da forma lingüística, como parece ser o caso discutido em Bourdieu, exemplificado por meio do erro por hipercorreção. As classes populares não têm esse comportamento gerado por essa insegurança, por esse confronto que se estabelece entre o uso legítimo e o uso não autorizado ou marginalizado. Para as classes populares, de que o menino faz parte, situadas no extremo inferior da pirâmide social, resta o *livre-falar* ou o *silêncio*. E isso é o que se observa nos dados da pesquisa.

Mas por que resta a ele o silêncio? Isso pode estar relacionado à questão do jogo que se joga numa interação verbal, das imagens que se fazem entre si esses interlocutores, pesquisador/ENTR e menino/entrevistado, como já mencionado antes, estabelecendo possibilidades de fala que dependem do assunto tratado e dos interlocutores. O silêncio do menino pode ser uma resposta condizente com a suposição de que ele não é o interlocutor autorizado a falar desse assunto àquele destinatário; ou, por outro prisma que vem a dar no mesmo resultado prático, esse destinatário não é o destinatário a quem se possa falar sobre qualquer assunto, sobre esses assuntos. Isso se aplica bem à questão da polícia, por exemplo, quando o menino, visivelmente, não se pronuncia sobre as questões de transgressão da polícia, só o fazendo, ao final, movido pelas perguntas da ENTR. Entretanto, como se verá no capítulo seguinte, há posições diversas dos meninos de rua no que diz respeito ao tema polícia: há sujeitos que se pronunciam francamente desfavoráveis ao organismo policial. Para outros sujeitos, então, parece que as posições já se firmaram e por isso o tema não se torna "proibido".

Esse aspecto leva a uma outra consideração no tratamento desses dados. Com efeito, pode-se imaginar que, se a conversa sobre esses assuntos se desenrolasse entre os próprios meninos de rua, nascida entre eles, ou entre eles e grupos próximos tais como família, amigos adultos, as respostas não apresentariam o mesmo feitio que apresentam aqui, e que, sendo outros os sistemas de referência, pressuposições e crenças partilhados, outras seriam também as representações configuradas.

Disso se pode extrair uma compreensão da linguagem e de como ela se processa entre as pessoas. Nada há de fixo, joga-se com variáveis todo o tempo, as quais dependem da relação estabelecida entre os interlocutores e sobre o referente de que falam. Nesse sentido, tanto essas conversas aqui quanto a possível conversa entre o menino de rua e seus pares têm seus valores assegurados nas condições de produção em que o discurso se fundamenta.

Encontra-se o silêncio também em temas como família, desigualdades sociais, sociedade e sua forma de tratar os meninos de rua. O que leva as crianças e adolescentes aqui contatados a silenciarem sobre essas questões? Por que não se posicionam, por exemplo, quanto ao tema "família", já que, fazendo-se um paralelo com o tema "polícia", é um tema que não apresenta riscos imediatos?

Como já mencionado, a essas crianças nunca foi dada a possibilidade de se posicionarem sobre esses assuntos, a elas nunca foi feito o convite para se posicionarem sobre nenhum assunto. Lembrem-se as palavras de Bourdieu (1983, p. 161) quanto às "censuras mais seguras e mais escondidas" e que têm efeitos devastadores como aquelas que se sustentam na exclusão do indivíduo dos ambientes e das interações em que possam expressar-se e falar do que sabem; ou "convidando-os aos lugares onde não há fala".

Em Geraldi (1991), encontra-se uma passagem bastante elucidativa sobre o aspecto aqui abordado relativo à exclusão do sujeito, quando o autor comenta acerca dos mecanismos de controle do discurso:

> Espera-se que, nas interações, as enunciações dos sujeitos incidam sobre temas não proibidos para as interações em curso; que o locutor siga o princípio da racionalidade na troca; que o locutor fale a verdade [...]; é o locutor que, enunciando, se constitui como locutor e portanto como alguém motivado para falar do assunto porque tem uma contribuição a fazer; é do locutor que se cobra "o sistema de referência" que usa; ao locutor se atribui e ele se auto-atribui determinado lugar do qual fala. (Geraldi, 1991, p. 67.)

É preciso que haja interação verbal em que o locutor possa se atribuir o lugar do qual fala, é preciso que ele se constitua como locutor e que se perceba como tendo algo para dizer, com que contribuir pelo discurso que profere.

Ao sujeito da pesquisa – o menino de rua – são necessárias tais condições para que se torne sujeito de sua fala. Na verdade, o sujeito da pesquisa é o não-sujeito, a ele nunca foi dada a possibilidade de se atribuir tal condição: que contribuições ele se sentirá autorizado a dar agora?

As significações dadas em torno desses temas, pelos garotos, como se verá, não são uniformes, provêm de origens diferentes, são constituídas diversificadamente, dependendo do lugar de onde ele fale: ou de suas vivências, experiências concretas de vida ou de fontes "oficiais", "mais legítimas" incorporadas por meio de seus contatos verbais, por influências sofridas pela exposição a esses discursos. Há um certo descompasso nessas representações ou, talvez seja melhor dizer, há mesmo uma variedade, uma diversidade de representações. No caso de A. A. pode-se observar essa característica. O que ele diz de "família", que assume a forma de uma contribuição sua, se expressa monossilabicamente: *sim* ou *não* às perguntas da ENTR. As predicações que acaba por dar são promovidas por sua interlocutora. E essas respostas configuram uma representação de família – família ajuda trabalhando, comprando comida, roupa, material de construção – que em nada corresponde ao que ele compõe da sua própria. Em sua família, ele tem que ir para a rua a fim de conseguir algum dinheiro para seu sustento e para o sustento do vício de sua mãe. Veja-se o que ele diz em certa passagem do diálogo:

T103 – Hum, hum. Então. E é só por isso que a família é bom?
T104 – [silêncio]
T105 – Tem mais alguma coisa que você acha que a família é bom?
T106 – Eu me esqueci.
T107 – Você esqueceu, foi? Tem muito tempo que você tá longe da sua família?
T108 – [gesto]

Sua experiência de família não lhe permite falar mais sobre o que a família traz de bom para o indivíduo. É evidente que o esquecimento de que fala não acontece por estar longe da família, mas por não ter elementos em sua vivência de família que lhe permitam configurá-la como tendo importância para si ou para quem quer que seja. A idéia de que família ajuda, presente em sua expressão, vem muito mais de informações incorporadas, de experiências de outras famílias que não a sua, enfim da representação de família que ele apreendeu em suas interações socioverbais com a própria instituição acolhedora, que pode ser responsável por esse discurso de família como uma organização em que as pessoas convivem ajudando-se mutuamente.

Há aí então uma certa tensão entre esses dois mundos "vividos" pelo menino: um mundo proveniente de sua experiência de vida, do trato que tem com os seus familiares; outro, que se impõe pelo discurso corrente, que permeia toda a sociedade, e que é difundido inclusive como forma de controle da sociedade, propagando a necessidade da organização familiar tal como é entendida hoje, com seus componentes tendo papéis diferenciados (pai, mãe, filhos, irmãos), para não agredir, não estabelecer diferença em relação ao já instituído pela sociedade, e, dessa forma, contribuindo para a manutenção do seu *status quo*.

Aqui as representações de família se mostram mais distintas, mais diferenciadas; entretanto, é bom não perder de vista quais são as condições de produção desse discurso: seus interlocutores, o assunto de que tratam, as imagens que se fazem um do outro e do que pensam sobre o assunto discutido, a situação espaciotemporal. É legítimo pensar que, como já dito antes, caso a conversa se desse entre o garoto e seus pares, seus comentários e opiniões sobre sua família, por exemplo, seriam muito mais ricos e mais intensos do que se apresentam nos dados analisados; que as representações sobre família se mostrariam menos oficializadas, menos institucionalizadas, menos divididas. O garoto entrevistado não teria a preocupação de se mostrar tão coerente com o que lhe têm ensinado as instituições pelas quais passa.

Num trabalho "com a língua(gem), sobre a linguagem e da linguagem" (Geraldi, 1991, pp. 15 ss.), esses interlocutores/sujeitos vão se (re)constituindo, a cada vez, e (re)constituindo seus referenciais, seus conceitos do mundo, suas representações. Relembrem-se aqui os fenômenos já comentados, como a assimetria de conhecimentos, de poder, de suposições partilhadas, que fizeram os interlocutores refazerem seus enunciados ou reagirem a determinados segmentos com significações não compartilhadas. Retomem-se as passagens em que o menino reorganiza sua fala em função de seus interesses; as atitudes lingüísticas tomadas por ele como reação às mudanças formais (léxico-gramaticais) praticadas pela ENTR/interlocutora em suas falas/enunciados, provocando uma reorganização linguístico-cognitiva do menino, na situação de interação vivida.

Mesmo sabendo tratar-se de um diálogo cuja assimetria é visível, é de se notar que há aí um trabalho de construção, vivenciado não só por um dos parceiros da comunicação, o menino de rua, mas pelos dois interlocutores. Ambos são "tocados" pela interação vivida, partilhada nesse momento. Ambos, de alguma maneira, sofrem os efeitos de sentido que tal interação permitiu criar, construir, desenvolver. Considerado como um momento de fala em que há uma dominância geral do texto por parte da ENTR, conforme os ensinamentos de Linell & Luckmann (1991), e que se caracteriza mais especificamente como uma dominância de interação, quando as iniciativas de perguntas são nitidamente nascidas na ENTR, a qual detém também o maior número de falas, ainda assim foi possível desencadear e desenvolver uma conversa em que há efetivamente uma partilha de conhecimentos, de informações, contribuindo cada qual para a constituição desse discurso. Enfim, é possível notar aqui o que Bakhtin diz sobre as relações estabelecidas entre os interlocutores de um ato comunicativo: a constituição de suas falas/discursos produz-se pela incorporação de novos sentidos, provenientes de variadas fontes, aos já existentes, levando à reorganização desses sentidos e significados.

O próximo capítulo vai trabalhar especificamente com as passagens em que as questões-temas são abordadas. Examinar-se-ão as significações que essas noções têm para os meninos entrevistados, como se relacionam essas significações com as diversas experiências de vida desses garotos; as ocorrências e recorrências mais gerais; as representações enfim que esses meninos – como representantes que são de um segmento da sociedade – trazem consigo dessa mesma sociedade, das relações com os homens, das relações com as coisas do mundo, em meio a outros sistemas de referências que as pessoas constroem para a vida compartilhada.

Capítulo 3 **As representações sociais na fala dos meninos e meninas de rua**

Para falar de representação social, considerem-se as palavras de Minayo (1995):

> As Representações Sociais se manifestam em palavras, sentimentos e condutas e se institucionalizam, portanto, podem e devem ser analisadas a partir das estruturas e dos comportamentos sociais. Sua mediação privilegiada, porém, é a linguagem, tomada como forma de conhecimento e de interação social. Mesmo sabendo que ela traduz um pensamento fragmentário e se limita a certos aspectos da experiência existencial, freqüentemente contraditória, possui graus diversos de claridade e de nitidez em relação à realidade. Fruto da vivência das contradições que permeiam o dia-a-dia dos grupos sociais e sua expressão marca o entendimento deles com seus pares, seus contrários e suas instituições. Na verdade, a realidade vivida é também representada e através dela os atores sociais se movem, constroem sua vida e explicam-na mediante seu estoque de conhecimentos. Mas além disso, as Representações Sociais possuem núcleos positivos de transformação e de resistência na forma de conceber a realidade. (Minayo, 1995, pp. 108-9.)

E mais adiante:

As Representações Sociais não são necessariamente conscientes. Podem até ser elaboradas por ideólogos e filósofos de uma época, mas perpassam o conjunto da sociedade ou de determinado grupo social, como algo anterior e habitual, que se reproduz a partir das estruturas e das próprias categorias de pensamento do coletivo ou dos grupos. Por isso, embora essas categorias apareçam como elaboradas teoricamente por algum filósofo, elas são uma mistura das idéias das elites, das grandes massas e também das filosofias correntes, e expressão das contradições vividas no plano das relações sociais de produção. Por isso mesmo, nelas estão presentes elementos tanto da dominação como da resistência, tanto das contradições e conflitos como do conformismo. (Minayo, 1995, p. 109.)

Representação social, sistema de referências, imagens... Cada um desses conceitos procura dar conta da dimensão das relações estabelecidas entre o homem e o mundo à sua volta, entre os homens e os seus semelhantes. Cada uma dessas noções, de certa forma, se repete e ao mesmo tempo apresenta algo que lhe é específico. A noção de representação social tenta explicar como o homem compreende e interpreta as complexas redes de relações da realidade em que vive, associando, comparando, confrontando pontos diversos dessa realidade, para se orientar nas ações que precisa empreender. Mas representação social contempla ao mesmo tempo algo que é da natureza do signo, portanto da mesma natureza do lingüístico, uma vez que é representação; entende-se essa representação como originada na partilha mesmo do homem com os outros homens e com o mundo, logo, apreendendo o social no qual ela se realiza.

A força que essa noção tem para os estudos de hoje, no campo das Ciências Humanas, em que se inserem os estudos da língua(gem), advém de sua relação estreita com o projeto de explicação do cotidiano e dos modos de orientação do sujeito neste cotidiano. A representação social, ao compartilhar a mesma natureza com o signo lingüístico – produto e processo ao mesmo tempo –, constrói-se pela internalização do vivido, de sua explicação a partir do vivido no passado e de sua projeção no futuro. É por isso que a representação social é, ao mesmo tempo, produto e processo do passado construído para orientar ações e compreensões do futuro. Sem descartar o indivíduo, a Teoria das Representações Sociais entende que as Ciências Humanas não darão conta de seu projeto se não inserirem esse homem/ indivíduo no contexto social que o torna um ser social, o homem que se quer estudar. Representações, sem dúvida, "alojam-se" nas consciências dos indivíduos, mas não surgem do nada, não aparecem livres, independentes das influências das interações sociais e verbais em que se movimentam os indivíduos. Por isso, retomando as palavras de Minayo (1995), é a linguagem o meio por excelência em que se dão essas representações.

Representações podem ser entendidas enfim como as próprias significações que os homens emprestam a suas relações com os outros homens e com o mundo, para poder atuar e movimentar-se dentro de sua realidade. Sem linguagem não há representação; sem representação não há significação e, portanto, não haveria linguagem. A noção de representação social é essencial para os estudos nas Ciências Humanas não pela abrangência que possa ter, mas porque cada um dos estudos consagrados ao entendimento do homem não pode deixar de considerar que o homem é produto e produtor dessas representações sociais. Assim, a cada uma das óticas sobre a qual se debruça o estudioso, corresponde uma face da representação social que lhe é mais diretamente concernente. Sem dúvida, todas elas devem passar pela linguagem, e por isso pelas línguas naturais, e a cada um dos especialistas cabe reconhecer o quinhão a ser "desvelado".

Aqui interessa expor como, em suas falas, os meninos de rua compreendem e significam os temas "família", "polícia", "sociedade", "desigualdade social", "riqueza × pobreza", "escola". Sem a consideração do meio social em que vivem, das relações que são aí estabelecidas entre as pessoas, de como os meninos entendem e interpretam essas relações e o mundo em que vivem, as significações sob consideração perdem muito do seu valor, não se consegue chegar ao entendimento de seu aparecimento, de sua emergência. Recorrer à noção de representação social é tentar recuperar os movimentos que fundamentam as significações encontradas na fala desses meninos e meninas.

A linguagem é vista aqui considerando-se o ambiente de interação social em que ela toma corpo, na medida das exigências ditadas pela situação de comunicação mais imediata em que se realiza, bem como pelas condições mais amplas e abrangentes das formações sociais, datadas espacial e historicamente, de que fazem parte os meninos de rua, como já se expôs, seguindo a esteira das concepções de linguagem encontradas em Franchi (1977), Bakhtin (1976), Possenti (1988) e Geraldi (1991).

De certa forma, o estudo pretende lançar luzes sobre o flagrante do "trabalho" constitutivo em processo, no momento mesmo da interação vivida pela pesquisadora e seu entrevistado, detectando efeitos já cristalizados em outros momentos de interação social vividos pelos meninos de rua, que lhes possibilitaram, retomando Franchi (1977), "dar forma ao conteúdo variável de suas experiências".

A discussão das respostas às questões apresentadas aos garotos entrevistados se faz considerando a produção discursiva de todos os sujeitos, para configurar quais significações esses garotos acabam por apresentar nas ocorrências mais importantes de suas falas, de modo que se obtenha um pequeno painel das representações que eles acabam dando de cada um desses temas.

O estudo dessas significações não se faz apenas quando o tema é eliciado explicitamente. Se isso ocorresse, ter-se-ia um quadro incompleto do que se está querendo examinar. Ao lado das respostas às questões diretas, são consideradas as falas dos meninos nos momentos em que eles não se propuseram a responder a perguntas da pesquisadora sobre os diversos temas (família, polícia, etc.); ou seja, são consideradas as manifestações discursivas dos falantes sobre a sua própria experiência, suas formas de condução na sociedade. É essa composição que vai permitir um quadro mais significativo das representações sociais com as quais joga o menino de rua em sua arriscada e corajosa empreitada de viver, como se desvia e se desvencilha (ou não) das armadilhas que lhe estão preparadas; o que, estabelecidas as devidas proporções, é tarefa de qualquer ser humano.

O que os meninos dizem sobre a família

As perguntas sobre família vêm quase todas no início da entrevista. Em geral seguem-se ao momento das perguntas de identificação do garoto, seus pais, irmãos, sua vida em casa antes das ruas, motivos de fuga, sua vida na rua, problemas enfrentados. As perguntas parafraseiam as questões:

a) Pra você é importante ter família? Por quê?
b) Você gosta de ter família?
c) É bom ter família? Por quê?
d) O que a família traz de bom pra gente?

As respostas são, em sua maioria, cercadas de silêncio. Esse é o tema em que mais emerge o silêncio. Em geral, tem-se resposta monossilábica para as perguntas *a, c, d*. Todos são unânimes em afirmar a importância da família, todos gostam da família. Família para eles não necessariamente significa o mesmo que para a pesquisadora: um agrupamento básico de pessoas, formado de pais, filho(s), com papéis definidos, estruturado em suas relações, organizando um conjunto de pessoas ligadas por laços consangüíneos e de afetividade, e que presumivelmente devem viver em harmonia. Para a maior parte desses meninos, a família é constituída pela mãe, às vezes pela avó, o pai sendo figura ausente, falecida, esquecida, às vezes odiada. Nas entrevistas, quase todos os meninos entrevistados ou já não têm pai (falecido), ou foram abandonados por ele, ou foram criados sob a violência do pai. Alguns desses meninos deixam clara sua incerteza quanto ao que seja família no sentido pequeno-burguês a que se está habituado e que o discurso social dominante toma como a realidade. Veja-se a resposta abaixo, dada por M.M.:

> – Vou explicar de novo. Quando o adolescente tem família, isso é bom pra ele?
> – Quando tem uma família? É lógico. Uma família quer dizer com uma mãe, né?
> – Com a mãe, o pai... ou só a mãe ou...
> – Porque tem, fica mais feliz.
>
> (M.M.)

Ou ainda:

> – Como é que... você acha... você tem pai, tem mãe, tem um homem que foi seu pai e infelizmente já morreu, né isso, tem irmãos... que é que você acha de família, R.? Que é que você acha da família? Família é bom?
> – A única família que é boa pá mim é minha mãe, meu rex [= ex] pai, e meus irmão pequeno. Única.
> – Que outra família que não é boa?
> – No Lobato... tem condições...
> [...]
>
> – Por quê? Como é que ter família, na sua cabecinha, por que é que ter família é bom pras pessoas, pras crianças?
> – A única família que eu gosto de ter é minha mãe.
> [...]
>
> (R.E.)

Interessante observar que alguns deles têm padrasto, mas esse padrasto não é necessariamente incluído como parte da família, sendo, às vezes, considerado o responsável pela saída do menino para a rua.

Os meninos entrevistados, quase todos, mostraram-se silenciosos quando lhes era perguntado sobre a importância da família e por que eles acham que a família é importante. Entretanto, por causa da insistência da ENTR, que não recua diante das evasivas e do silêncio e faz perguntas que de certo modo fazem emergir respostas, tem-se ao final um texto em que aparecem algumas predicações em torno do conceito enfocado:

– Barracas? Hum, eu sei. Você acha importante, C., ter família? Pai e mãe?
– [gesto]
– É importante, é? Por que, tia, que é importante ter família?
– Porque é bom, você não fica só.
– Você não fica só, né? E... ter família ajuda as pessoas?
– Sei lá!
– Ajuda o menino ou a meninazinha, como você?
– [gesto]
– Ajuda? Ajuda, né?
– Família ajuda.
– Como que ela ajuda?
– Ajudando.
– Por quê? Que é que ela faz pra ajudar?
– Ensinando o que não é ruim, o que não é bom.
– Sim, e o que mais?
– [silêncio]
– Fale o que você pensa!
– Só.
– Só isso? Ensina o que não é ruim, o que é bom, não é isso que você falou? Isso já é uma grande coisa. Que mais que uma mãe faz? E um pai faz?
– Dá estudo, dá educação, dá trabalho pá fazer.
[...]

(C.M.)

A menina acaba por dizer algo sobre família, "auxiliada" pelas perguntas da ENTR/pesquisadora. Tem-se então a seqüência: "sei lá [se família ajuda]", "família ajuda", "ajudando", "ensinando o que não é ruim, o que não é bom", "dá estudo, dá educação, dá trabalho pra fazer", mostrando que a representação em processo de construção remete à família como o espaço da normalização.

> – Se família é bom ou não é bom? Se pode ajudar uma mocinha, um menino? Como é? Que é que você acha disso?
> – [silêncio]
> – Eu sei que você sabe, eu sei que você tem seu pensamento [...] É do jeito que você acha que tem que dizer.
> – [Não sei dizer]
> – Não sabe? Mas você acha que família ajuda?
> – Ajuda sim, numas coisa.
> – Ajuda numas coisas. Em quê?
> – [silêncio]
> – Repare bem: uma menina que tem uma família, uma menina que não tem... família. Que é que é mais interessante?
> – Ter a família e ficar [sempre junto da família].
> – Sim. Por quê?
> – Eu acho mais protegido.
> [...]
>
> (G.)

As respostas da menina parecem demonstrar pouca precisão sobre a significação de família e sua importância para a pessoa, ainda que ela arrisque a repetir um pré-construído: "família ajuda sim, numas coisas", movida pela pergunta da ENTR. O diálogo mantido com a ENTR parece possibilitar a constituição de um perfil significativo para o tema família: após as perguntas da ENTR, que vai atribuindo à família traços de significação possíveis, a exemplo de: "uma menina que tem família e uma que não tem... Que é que é mais interessante?", ela responde segundo, talvez, a opção que interpreta como aquela desejada pela ENTR, apresentando até um argumento para sua defesa: "ter família e ficar com a família é melhor porque é mais protegido".

Proteção, companhia, dar comida, dar educação, arranjar trabalho. Essas são algumas das atribuições dadas pelos meninos à família seguindo um perfil prévio e socialmente construído, repetido na escola, na mídia, nas instituições sociais com as quais estes meninos têm contato. Mas, como se está tentando mostrar, elas não aparecem no diálogo como respostas de iniciativa do menino entrevistado; na verdade, tais respostas surgem como resultantes de um trabalho conjunto entre a ENTR e seu entrevistado, em que a cada "gancho" oferecido, sugerido, segue-se uma seqüência de turnos. Alguns poucos diálogos são mais expressivos e mais independentes dessa orientação da ENTR, mostrando que a representação de família em construção se aproxima mais daquela "socialmente legitimada":

> – Quer dizer, a tua família é seu pai e sua avó, né? Agora você pode me dizer, E., que você é um menino... você tem idéias. É... a família é importante pra pessoa?
> – [gesto]
> – Por quê?
> – Porque é o único lar que a gente tem pra tá morando em paz com a família; antes tá apanhando da mão da sua mãe, da sua avó do que tá apanhando da mão dos outro na rua.
> – E que mais coisas a família oferece pra gente?
> – E além de casa pode até botar ni uma escola e aí vai indo, tira o registro e isso aí vai, amanhã ou depois arranja um emprego, estuda de noite.
> – Se você tiver com a família, não é isso?
> – [gesto]
> – Se [= e se] você tiver na rua?
> – Não há nada disso.
> – Não há nada disso!
> [...]
>
> (E.)

Esse é um dos poucos casos em que se tem uma expressão mais livre da orientação dada pela interlocutora/pesquisadora. É um garoto que não silencia tanto quanto os outros e chega a dizer ser preferível a repressão e a violência familiar (da mãe ou da avó) à violência da rua, por outras pessoas.

A passagem abaixo é extraída da entrevista de um garoto de 11 anos para quem toda aquela conversa (não só o texto em destaque) parece soar estranha, a julgar pelo número de respostas silenciosas e curtas que dá. Veja como se desenrola a conversa sobre o tema família:

– Bom, então eu vou tentar ajudar você. É bom ter família, pra você, não é? Ter família é ter pai, ter mãe, e viver todo mundo junto em harmonia não é?
– É.
– Que é que cê acha?
– Eu acho decente.
– Decente? Todo mundo morar junto?
– É.
– Que mais? É decente... que mais? Todo mundo junto...
– É, uma família unida, é... um bocado de palavra.
– Um bocado de quê?
– De... coisa, um bocado de viagem.
– Um bocado de viagem? Ah, viagem quer dizer coisa boa, não ?
– [silêncio]
[...]

(A.S.S.)

Após algumas tentativas frustradas, a pesquisadora insiste e decide "dar" um modelo de família para que o garoto tome-o como gancho e teça seus comentários. O entrevistado acaba desenhando um quadro: "– Família é decente. É... uma família unida, é... um bocado de palavra. [Um bocado] de coisa, um bocado de viagem", embora os silêncios que se seguem não permitam recortar a referência da expressão "um bocado de viagem".

Resumidamente, nessas conversas acontecidas entre a pesquisadora e o entrevistado, mantidas muitas vezes conforme os procedimentos comentados de "orientação" de respostas, os traços mais significativos das representações de família são: família dá conselhos, oferece companhia, protege, é o lugar de morada (em oposição às ruas), ensina o que é certo, dá comida, mostra o errado, dá estudo, pode dar trabalho. Esses traços de família que os meninos vão expressando são todos característicos de uma estrutura familiar que se supõe organizada, harmoniosa, atendendo aos objetivos de permitir ao indivíduo crescer e viver num ambiente em que ele possa se desenvolver e se formar dentro dos parâmetros legitimados pela sociedade. Alguns desses meninos estabelecem as diferenças entre o que significa estar em família e estar sozinho nas ruas, como se pode ver nas passagens abaixo:

– É? Que é que você acha? Se ele tiver família, que é que vai acontecer, ele não vai pra rua?
– Se não tiver família? Ah, ele vai. Por exemplo, se ele morar só com um p... um madrasto e uma mãe verdadeira...
– Um padrasto e a mãe verdadeira?
– ... o pai largou...
– ... certo.
– ... aí o madrasto começou a bater, beber e bater, ele pega, sai, revolta e sai.
– Tem isso, não é?
– Tem, que a mãe prefere ficar com o outro do que ficar com o filho.
[...]

(M.M.)

– Se você tiver com a família, não é isso?
– [gesto]
– Se [= e se] você tiver na rua?
– Não há nada disso.
– Não há nada disso!
– Se tiver na rua só vai aprender coisa ruim, cheirar cola, ficar fumando maconha, não sei que graça tem...

(E.)

As comparações estabelecidas entre a vida em família e a vida nas ruas, mostrando os problemas que a criança, o menino de rua enfrenta quando não está vivendo com seus familiares, aparentam um conhecimento resultante de vivência bem-sucedida com uma família. Entretanto, o primeiro desses meninos está nas ruas desde os sete ou oito anos, é consumidor de droga, já cometeu pequenos delitos e está agora tentando voltar para sua casa e morar com a mãe e os irmãos. O outro nunca conheceu a mãe, viveu tempos com uma avó de consideração (a verdadeira não o assumiu e ele a odeia por isso), foi criado por um pai bêbado e violento, foi para as ruas e agora se encontra na casa de acolhimento.

E aqui está o aspecto de contraponto que os dados desses garotos revelam. Nesses diálogos com a ENTR, os garotos vão falando de família, se é importante ou não e por quê. Mas observa-se que há uma atitude de distanciamento em relação ao que falam: pergunta-se de família, sobre família, e eles sabem que se trata de família tomada de um modo geral, trata-se de "família dos outros". Sobre sua própria família, não se perguntou diretamente se ela é importante para ele, por que é, se é uma família estruturada conforme os padrões hoje aceitos pela sociedade, etc. Por outro lado, esses meninos, quando falam de suas próprias vidas, nos seus relatos de antes da vida nas ruas, acabam por dar alguma descrição de suas próprias famílias. E, como é de se prever, nenhuma das experiências de família desses meninos corresponde ao que eles dizem sobre a instituição familiar. Nenhum deles teve uma experiência de família que concorresse para que ele sentisse vontade de permanecer nela porque lhe oferecesse casa, comida, afeto, estudo, proteção, companhia, orientação sobre o que é certo ou errado. O que se observa é, em certo sentido, o contrário disso: falta de amor, abandono, violência, maus-tratos, fome, precariedade, carência, enfim, só modelos de comportamento considerados perniciosos às pessoas, desestruturados e desestruturadores, nocivos à vida em sociedade, salvando-se, às vezes, dessa paisagem cruel, a figura da mãe, por quem eles demonstram, em geral, algum afeto.

Não é fácil para esses meninos se posicionarem em relação ao assunto, porque eles convivem com duas "representações" de família: a que vem de sua experiência direta, dura e cruel, que não se afina com os parâmetros, aceitos na sociedade, de relação familiar; e a que se origina em outra fonte, aquela do saber comum, da fala corrente em sociedades modernas, que diz que a família é o núcleo básico de vida do ser humano, constituída de pai, mãe, irmãos, todos vivendo juntos, em harmonia, com atribuições (sobretudo aos pais) de oferecer aos filhos a proteção, o amor, o estudo, o alimento, o saber, a orientação de vida. Essa representação é aquela presente, nesse processo de interação, nas falas da ENTR. Cria-se uma tensão entre essas duas "representações", tensão que acaba definindo para eles a noção de família. Essa tensão se revela em algumas passagens dos diálogos dos meninos, a exemplo das que seguem:

– É importante, é? Por que, tia, que é importante ter família?
– Porque é bom, você não fica só.
– Você não fica só, né? E... ter família ajuda as pessoas?
– Sei lá!
[...]
(C.M.)

– Hum, hum. Então. E é só por isso que a família é bom?
– [silêncio]
– Tem mais alguma coisa que você acha que a família é bom?
– Eu me esqueci.
– Você esqueceu, foi? Tem muito tempo que você tá longe da sua família?
[...]
(A.A.)

– Por que é que é bom pra uma pessoa ter família? Pai, mãe, na sua cabecinha?
– [silêncio]
– Que é que você acha?
– O que eu acho?
– Claro, você é um menino, tem opinião, não tem?
– Tenho.

— Isso.
— Mas essa opinião não tá circulando.
[...]

(A.S.S.)

Observe-se que o entrevistado silencia, diz que já se esqueceu, que sua opinião não está circulando, ou diz não saber. O que significam essas não-respostas dos garotos? É evidente que alguma família eles têm, eles sempre vêm de um núcleo familiar que ou já os recebeu desestruturado ou desestruturou-se em sua primeira infância. É evidente também que as relações familiares que ele vivenciou, e vivencia ainda, não correspondem em nada àquelas esperadas idéias de uma "bem-sucedida família". As respostas dadas (ou as não-respostas, seu alegado desconhecimento, seu esquecimento) evidentemente não podem ser entendidas como incapacidade. Ao contrário, essas reações podem ser um indicativo de que há algo não ajustado nas interpretações que o menino dá à realidade que o rodeia: ao lado de um conhecimento vindo de uma "voz corrente", um saber comum que fala de família como algo "decente", com um "bocado de palavras, de coisas" das quais eles não têm referência, coexiste um outro que vem da sua própria experiência de vida com sua família. Por isso eles silenciam, dizem não saber, "esquecem"; por isso "a opinião não circula". Esse desequilíbrio em meio ao qual eles se movimentam revela-se melhor quando se compara o que eles dizem sobre família e o que eles relatam de suas vidas particulares e de suas vivências com seus familiares:

— Tem, né, tio? Você não tem saudades assim de ficar morando com os irmãos e a mãe dentro de casa?
— Tenho.
— Por que você foi viver na rua?
— Por causa que eu ia tomar um dinheiro. Desni [= desde] pequeno que eu andava na rua.
[...]

(A.A.)

– A única família que eu gosto de ter é minha mãe.
– Sim, e por que que é bom ter essa família?
– Porque ela teve a dor pra mim... pra ter eu, aí não tinha que largar minha mãe pra ficar com os outro.
[...]
– Foi, aí o pau que ela me enfiou, quase ia enfiar no meu olho.
– Sua irmã?
– Minha mãe, quando ela era chata mesmo, quando ela era mais nova. E aqui quando ela me beliscava pá pedir dinheiro.
[...]

(R.E.)

– ... aí o madrasto começou a bater, beber e bater, ele pega, sai, revolta e sai.
– Tem isso não é?
– Tem, que a mãe prefere ficar com o outro do que ficar com o filho. Se revolta, sai, começa a robar [= roubar] na rua, ficar no meio do crime, vai indo, vai indo, chega um dia a polícia mata, acabou. Eu já tive muita sorte, já tomei até tiro de [...].

(M.M.)

Há muitos outros recortes que desvelam situações dessa outra face, ou outra representação de família: o pai abandona a família deixando-a em situação precária, a ida para as ruas estimulada e às vezes obrigada pelos pais para conseguir dinheiro para sustento de todos, os maus-tratos sofridos, o abandono.

É pertinente então perguntar que significações esses garotos podem dar de um tema como esse que a pesquisadora lhes propõe. É pertinente também perguntar como considerar as significações que povoam suas mentes: de um lado, a sua própria vida com seus familiares; do outro, uma concepção de família veiculada pelas instituições sociais e pela ideologia do senso comum.

Mais uma vez, aqui, considere-se que as significações afloradas não seriam exatamente as mesmas, e que talvez "família" não revelasse duas feições, como se percebe nas falas dos garotos entrevistados, se essa conversa tivesse ocorrido entre os meninos e seus pares. Provavelmente eles se sentiram propensos a falar o que falaram porque estavam diante de um interlocutor que funciona, para eles, como mais um agente do processo de ressocialização, como tantos outros agentes sociais com os quais eles já mantiveram conversações na instituição: educadores, psicólogos, assistentes sociais, funcionários. Essas conversações, certamente, foram ricas em conceituações de família como algo "decente", que ajuda, que ampara. E, nesse caso, eles estariam, de certo modo, expressando, na conversa mantida com a ENTR, uma idéia de família que vem dessas formações discursivas, presentes principalmente dentro da instituição de acolhimento, mas também em outros momentos e ocasiões de suas vidas.

Algumas gravações de conversas com meninos que vivem propriamente nas ruas, distantes de seus familiares, utilizadas em pesquisas de orientação sociológica e ouvidas pela presente pesquisadora na fase preliminar do seu trabalho, apontam para um maior distanciamento da criança/adolescente em relação à instituição familiar. São meninos mais presos às suas próprias organizações nas ruas, mais distantes das instituições e de suas vozes. Em suas respostas, esses adolescentes omitem-se mais, silenciam, recusam-se a responder, dizem não saber, quando o assunto é desse teor. É menos presente, naqueles dados, a contradição entre as representações de família: "família" para eles é a sua nova forma de vida e organização social. Pode-se pensar que não houve (ou é menor), para aqueles meninos, o eco do discurso comum, a voz corrente, veiculada pelos meios sociais, de que a instituição familiar é uma instituição destinada a dar amparo e apoio ao indivíduo na vida. Não há então como formar essa idéia de "família" entre aqueles indivíduos. Contudo, tais observações mereceriam estudo e análise mais rigorosos comparando os dados desta pesquisa com meninos em contato com instituições sociais de amparo aos dados de outra pesquisa com meninos de rua sem esse convívio.

Há algumas passagens nas falas dos meninos aqui entrevistados que indiciam que o que eles expressam está contido em falas de outros interlocutores, é proveniente de outros discursos.

– É? Ter família é importante pra gente, por exemplo, não ir pra rua?
– É, tendo sua casa, sua família reunida... Professora lá na escola sempre dava lição como é uma família reunida.
[...]
– Já tinha saído do Pólo, meu pai, oxe [...], qu'ele não sai do Pólo, hoje a gente tava barão, já tava morando ni um apartamento, a gente tudo dentro de casa, uma família reunida.

(E.S.)

– Que é que cê acha?
– Eu acho decente.
– Decente? Todo mundo morar junto?
– É.
– Que mais? É decente... que mais? Todo mundo junto...
– É, uma família unida, é... um bocado de palavra.
– Um bocado de quê?
– De... coisa, um bocado de viagem.
– Um bocado de viagem? Ah, viagem quer dizer coisa boa, não?
– [silêncio]

(A.S.S.)

– A única família que eu gosto de ter é minha mãe.
– Sim, e por que que é bom ter essa família?
– Porque ela teve a dor pra mim... pra ter eu, aí não tinha que largar minha mãe pra ficar com os outro.
[...]

(R.E.)

– Se tiver na rua só vai aprender coisa ruim, cheirar cola, ficar fumando maconha, não sei que graça tem...

(E.)

– Tem mais alguma coisa que você acha que a família é bom?
– Eu me esqueci.

(A.A.)

– Se família é bom ou não é bom? Se pode ajudar uma mocinha, um menino? Como é? Que é que você acha disso?
– [silêncio]
– Eu sei que você sabe, eu sei que você tem seu pensamento [...] É do jeito que você acha que tem que dizer.
– [Não sei dizer]
– Não sabe? Mas você acha que família ajuda?
– Ajuda sim, numas coisa.
– Ajuda numas coisas. Em quê?
– [silêncio]

(G.)

Os quatro primeiros trechos são exemplares quanto à identificação de outras vozes no discurso dos meninos: a fala veio através da escola, no primeiro caso: – "Professora lá na escola sempre dava lição como é uma família reunida." É a escola a fonte desse discurso sobre uma família reunida. Essa mesma expressão "família reunida" é usada na passagem mais abaixo: "– [...] a gente tudo dentro de casa, uma família reunida". O segundo exemplo aponta para a proveniência de um ensinamento sobre família ouvido e ainda não incorporado, como indicam as pausas: "– É, uma família unida, é... um bocado de palavra." Além de reveladora da proveniência de uma outra origem, a resposta do garoto mostra a incompatibilidade entre o que ele vive e o que lhe é ensinado: família é um bocado de palavras, de coisas, de viagem. Família "são palavras" que nada dizem para ele porque nada expressam de sua outra representação de família, que vem de sua experiência de vida.

Também as demais respostas revelam outras fontes discursivas como origem: "– [...] ela [a mãe, para essa menina, sua família] teve a dor pra mim, pra ter eu [...]" A noção de família está indissoluvelmente ligada à questão do sangue:

a dor do parto, que indica o liame consangüíneo, é a razão de ser de uma família, e a razão para essa menina gostar da família que tem. Há uma voz corrente, sobretudo em meios mais populares, que vincula a dor do parto ao filho; em razão dessa dor, torna-se quase um dever, para o filho, amar sua mãe. Aliás, esse é um bom exemplo, nos dados coletados, da presença de um saber sobre a família que circula muito entre os meios populares. O trecho seguinte mostra muito claramente o discurso das instituições, o discurso contra o uso de drogas como algo prejudicial, difundido pelos diversos canais oficializados de controle da sociedade: "[droga como] coisa ruim, cheirar cola, ficar fumando maconha, não sei que graça tem". A droga em geral é mais facultada, pelo que se pode depreender da fala do menino, a quem está fora do circuito familiar, fora de seu controle. Quem o diz é um sujeito que tem um contato forte com a instituição de acolhimento. Não são estranhos, então, os argumentos que ele usa para contrapor vida em família a vida nas ruas.

Os dois últimos exemplos são demonstrativos da presença de outras vozes na constituição dessas representações institucionalizadas de família, justamente pela ausência de marcas; ou, se se quiser, essa "presença" pelo avesso: "eu me esqueci" não pode referir-se à própria experiência do menino, já que esse menino tem que voltar às ruas porque a mãe continua obrigando-o a pedir dinheiro para comprar sua cachaça. "Eu me esqueci" relaciona-se muito mais a qualquer coisa que porventura ele tivesse ouvido de outros interlocutores a respeito do tema "família". Esqueceu-se das "palavras" – como seu colega dissera antes ser "família" um bocado de palavras – com as quais se costuma predicar sobre família, no sentido religioso de prédica. O último exemplo mostra esse mesmo "desconhecimento": "não sei dizer" ou silêncio são as duas opções de resposta da menina. Entretanto, adiante ela afirma que "família ajuda, sim, numas coisas". É evidente que ela tem uma representação de família, mas essa representação de família não é aquela socialmente legitimada, que afiança ser a família uma instituição salutar, de amparo, não é aquela família de que ela toma conhecimento através das palavras do outro. É desta família que ela diz não saber. Não da representação de família que vem de sua própria experiência, indiciada pelo enunciado restritivo anterior: "– Ajuda sim, numas coisas."

No que diz respeito a esse tema – a família e sua importância para o ser humano –, é interessante deter-se nesse "desequilíbrio" entre uma representação de família como algo "decente", que dá "proteção, trabalho, estudo, companhia", que "ajuda e aconselha", de um lado; e, por outro, a evidência – através dos relatos dos meninos quanto a suas vidas em família antes e durante o tempo de rua – de significação de família como uma organização que não funciona, que abandona, que não oferece condições de desenvolvimento físico, psíquico e emocional. Fica claro que, para o garoto de rua, o que convencionalmente se entende por "família" não pode ter uma mesma e única significação. O que se manifesta em suas falas é justamente o descompasso entre uma e outra das significações emprestadas à instituição familiar: de um lado, o que lhe foi ensinado nas escolas, pelos professores, pela Igreja, pelos agentes sociais, por pessoas com quem convive, o que ele entreouve na televisão, na mídia; de outro, uma realidade bastante diversa, uma realidade em que essas atribuições de família não se realizam, e em que, ao contrário, o que eles vivem é, muitas vezes, a negação de todos os valores atribuídos à instituição familiar. Expostos que estão aos discursos correntes, à voz comum que difunde ser família uma instituição decente, que propicia ao ser humano condições para seu desenvolvimento, os garotos entrevistados vão "incorporando" em suas falas, nessas interações vividas, pinceladas de caracterização de família que fogem ao que eles podem depreender de suas próprias experiências.

Como foi visto antes, parece claro que se o garoto/a garota estão mais distantes dos mecanismos institucionais de socialização e inserção na sociedade, e mais próximos das próprias organizações criadas por eles para se movimentarem e sobreviverem nas ruas, vão preponderar as representações das novas formas de sobrevivência e organização que eles próprios criam e recriam.

– É só porque ele tem uma droga na rua que ele pode usar? E a família, a vida na família pra eles é boa?
– A vida na família deles é boa mas ele não consegue nem... nem conseguir controlar.
– Controlar o quê?
– Ficar em casa.
– Por que que ele não consegue controlar e ficar em casa?
– Quem se acostuma ni droga não quer mais voltar pra casa. Fica lá mesmo que acha a vida de rua melhor, usar droga, ficar fumando maconha, [...] acha melhor e aí fica na rua mesmo, nem vai mais pra casa.
– E aí? Mas e aí vive sem mãe, sem pai, sem irmão... isso não faz falta?
– [...] Se esquece.
– Se esquece né, tio? Mesmo passando fome?
– [silêncio]
[...]

(L.C.S.)

As palavras do menino mostram o apelo das ruas. A nova vida faz o garoto esquecer a "família" que tem e se embrenhar em outras formas de constituição societária. É o que se observa também em alguns relatos publicados sobre as organizações dos meninos de rua, formando os grupos em que a cada elemento cabe uma tarefa na estrutura concebida para possibilitar o andamento e a manutenção da vida em grupo.

O que os meninos dizem sobre a polícia

No caso das perguntas sobre a polícia – o organismo policial, a instituição constituída com a finalidade de prestar serviços de segurança à população – elas começam por uma indagação de cunho pessoal, a respeito das suas experiências, ou de amigos e conhecidos, com a polícia. Da narrativa sobre o vivido parte-se para as perguntas sobre opiniões e idéias a respeito da função, da importância e do trabalho concreto da polícia na sociedade:

> a) Você já teve algum envolvimento com a polícia? Algum amigo seu já teve algum problema com a polícia?
> b) Qual a função da polícia, na sua opinião? Para que serve a polícia?
> c) A polícia está cumprindo a sua função? Por quê?
> d) Você gosta de polícia? Por quê?

Nem todas as perguntas aparecem em todas as entrevistas, especialmente a última. Há também uma ou duas entrevistas que não contemplaram esse tema. De modo geral, as perguntas são desdobradas em questionamentos mais específicos, podendo levar a outras direções no desenvolvimento do tema; a presença ou não de algumas dessas especificações depende do rumo da conversa, do interesse e da reação dos garotos.

Como no caso de família, as respostas foram muitas vezes reticentes, curtas e, algumas vezes, o silêncio. Poucos puseram-se a falar com espontaneidade sobre o tema. De todo modo, é possível constatar-se uma fala mais extensa e mais fluente em relação a esse tema do que em relação ao anteriormente estudado, pelo menos no que diz respeito à questão da "importância da polícia".

Dos entrevistados, três garotos expressaram significação relativamente idêntica sobre a polícia, sua importância e função; apresentaram em seus discursos uma idéia relativamente homogênea, constituindo uma representação social da instituição policial. Os demais movimentam-se em meio a um emaranhado de representações sobre o tema.

> – Você não quer contar? Venha cá, você vê muito policial por aí, não vê? Todo mundo vê. Pra que que você acha que tem polícia?
> – Sei lá.
> – Você não tem idéia?
> – Pra que tem polícia?

– É, pra que tem polícia?
– Trocar tiroteio.
– Pra trocar tiroteio. Só pra isso?
– E pra segurar...
– Pra segurar o quê, A.?
– As segurança.
– Ah, segurar segurança. Que é que é mesmo segurar segurança?
– Segurar segurança? É... segurança dos... outro.
– Pra sua segurança também?
– [silêncio] Pode ser.
– Dos meninos de rua, também? Então é pra segurar a segurança das pessoas todas?
– [silêncio]
– E você acha que a polícia sempre faz isso?
– [gesto]
– Não? De vez em quando ela faz o quê?
– Qual?
– A polícia? Que é que a polícia faz?
– O que faz?
– Ela nem sempre ela faz essa segurança das pessoas, né?
– É. Mata pessoas estra... é... se for gente, como é que se diz, que não tem nada a ver?
– Inocente?
– Hum, hum.
– É, né? Então você acha que ela não tá fazendo o que ela tem que fazer?
– [silêncio] Não.

(A.S.S.)

– Que é que você acha da polícia? Qual é a função que a polícia tem na sociedade? Pra que que ela serve?
– Ela... ela...
– A polícia?
– Pra mim é inimigo; se eu pudesse, eu matava todas.
– É?
– [...] tinha um cara lá que vendia vale na Lapa, um rapaz que vendia [na] Lapa, mataram o cara de noite dizendo que o cara era ladrão, acusando...
– A polícia matou?
– Hum. E o pai do cara era da polícia...

— O pai dele?
— [gesto]
— Venha cá, então a polícia só serve pra isso? Pra que a polícia...
— [Protege] a lei mas... oxe, mas mata de noite, [...] o ladrão tudo, mata de noite, não tá mais aqueles tempo que levava preso não, é pegando de noite: "ah, pra não dá trabaio a nós". Se... se levar pra cadeira [= cadeia] assim... é de dia, porque de noite é difícil, não leva mesmo. De dia ainda pode deixar porque todo mundo tá vendo, tá observando, aí [...] já marca a cara do cara que foi preso pra quando sair.
— Quer dizer que então a função dele é pra ser só matar mesmo, né? [...]

(M.M.)

— Já? Você teve algum problema com a polícia?
— Já.
— Já também? E... isso não é legal, claro. Então me diga aí, esse desentendimento que você teve com a polícia, ficou tudo bem, né, resolveu tudo. Mas, na sua opinião, qual que é a função da polícia?
— Sei lá!
— Pra que é que ela serve?
— Pra mim ela serve [né], pá, só pá tirar onda.
— Só pra tirar onda? Em cima de quem?
— Dos ladrão, pivete de rua.
— É só pra isso que ela serve?
— [gesto]
— Não tem outra coisa? Não presta pra mais nada, a polícia? Você gosta de polícia?
— Eu não.
— Por quê?
— [silêncio]
— Você sabe dizer por quê?
— [silêncio]
— Então, essa coisa de que polícia serve pra ajudar as pessoas, você não acredita nisso não?
— [gesto]
— Não, né. Hum, hum. [...]

(F.R.)

Esses são exemplos em que se vê mais nitidamente uma postura de maior rejeição à polícia e a seu funcionamento. Ainda assim, pode-se notar nas duas primeiras falas algum posicionamento em predicação mais compatível com o que se espera da polícia como instituição. O primeiro desses garotos diz que a polícia serve para "segurar segurança... dos outro". Quando a entrevistadora insiste e pergunta se serve para "segurar segurança também dele", o menino expressa sua dúvida e descrença: "É, pode ser." Na continuação, percebe-se que, de fato, em sua representação de polícia, só a duras penas conseguiria incluir a si próprio como um dos beneficiários da ação de proteção à população atribuída à polícia. É óbvio que esse garoto não se sente como participante dessa parcela da população que recebe "segurança" da polícia.

O segundo exemplo revela uma representação de polícia que tem um trabalho de proteção a uma parte da sociedade, e a idéia de que, para uma outra parte, aquela dos marginalizados, como o menino, do bandido, do ladrão, ela é o oposto disso, ela é a sua insegurança, a sua ameaça. Observe-se o que o menino diz: "[Protege] a lei mas... oxe, mata de noite, [...] o ladrão tudo, mata de noite." Prevalece a representação de uma polícia ameaçadora, assassina, como se deixa ver nas palavras finais do trecho. Quanto ao último recorte, esse é definitivo quanto à imagem de uma polícia que não atende em nada à segurança da população; e não apenas, pois acrescenta-se a idéia de polícia que vive para penalizar esse segmento social a que ele pertence e não para proteger a sociedade. Esse garoto não expressa, em momento algum, a idéia de que a polícia possa ser útil à sociedade, o que quer que se entenda por sociedade.

Em todos os outros casos examinados, a polícia é vista de "ângulos" diferentes, isto é, sempre se aponta dela algo que se poderia dizer compatível com a finalidade para a qual se diz que foi criada. Boa parte desses meninos revela uma idéia de que polícia existe para punir quem infringe a lei, mesmo sendo eles os indivíduos que a infrinjam (embora eles quase nunca se ponham, individualmente, concretamente como os infratores). E, mais do que isso, essa atitude da polícia é algo valorizado positivamente: se o indivíduo está "errado", deve pagar por isso, com punições até violentas.

Nenhum dos meninos a quem se fez a pergunta revelou gostar da polícia, mas muitos deles expressam algum sentimento positivo em relação a algum policial individualmente. Isso advém, é claro, de suas próprias experiências, de suas vivências na rua: um policial que se mostra amigo, que o ouve, que o ajuda e lhe dá comida. E a aprovação do comportamento policial vem muitas vezes dessa experiência boa com algum de seus componentes.

Em geral, nos dados analisados, o que se tem é uma mescla de representações de polícia como um organismo que "deve" mesmo reprimir o erro, o desvio, se houve o desvio; que existe para "pegar ladrão, não deixar matar, defender a cidade, (defender) a rua, pra ajudar, pra nunca bater nos inocentes, defender os próprios infratores de atrocidades cometidas pelas vítimas, no caso de não haver polícia"; com a idéia de polícia que radicaliza em suas atuações, "que maltrata, que bate, que é violenta, desumana, que mata". O que se observa é uma grande oposição entre essas duas representações de polícia: a polícia serve para proteger e, para isso, ela pune – e deve punir – os infratores, mas nem sempre age como deve ser: ela ameaça, mata. Somente um dos dois garotos descritos anteriormente como não sendo "menino de rua" apresentou uma imagem de polícia com predicações apenas positivas.

Seguem alguns trechos das entrevistas em que se verifica essa dualidade de representações, constituída a partir de origens diferentes, saberes diferentes que circulam na sociedade e ao mesmo tempo representações nascidas das experiências diretas dos adolescentes/crianças com a polícia:

– Por que é que você acha que serve a polícia? Polícia serve pra quê?

– Porque... venha cá, que nesse mundo não tivesse polícia, não ia ter o quê? Esse mundo ia acabar logo.
– É?
– Se acabar rápido porque um ia começar a matar o outro. Venha cá, que a senhora tá com... a senhora tá com a bolsa aqui, a senhora tá com essa bolsa, aí, eu venho correndo, bafo sua bolsa, aí nesse mundo não tem polícia, aí a senhora sabe que não tem polícia, a senhora ia fazer o quê? Correr atrás de mim, amanhã ou depois a senhora podia lembrar, pagar até alguém pra me matar. Eu não tô falando não...
– Eu sei, uma hipótese.
– Aí nesse mundo, por isso que tem polícia, pra defender os... os... como é o nome?
– Inocente?
– Sim, os inocente.
– Vítima. E a polícia sempre faz isso?
– O quê?
– A polícia sempre tá defendendo...
– Oxe, mas tem muito polícia... tem uns bom e tem os mau. Polícia... carnaval mesmo, eles não sabe nem que tem adolescente ou os maus ali, ele sai dando. Carnaval mesmo eu tava tocando no Muzenza, o policial veio dando, que chega deu um... aquela fanta [= cacetete], ele deu uma fantada na marcação, eu tocando ele foi dar no cara, veio, pegou na marcação, quase que pega na minha perna. Fiquei olhando assim, aí eu falei: "ói, esse policial de hoje..."
– Quer dizer que alguns não fazem o que têm que fazer, não é? Mas a maioria faz, é isso?
– Tem uns que faz o dever deles, tem outros que não, tem outros que bate.
– Você gosta de polícia?
– Não gosto de polícia não.
[...]

(E.S.)

– Você não, né? E, venha cá, você... pra que é que você acha que tem polícia?
– Pra tirar os menino da rua, mas só que eles bate muito.
– É? Pra tirar os meninos da rua, é?
– [gesto]

– E levar pra onde?
– Pro Juizado.
– A polícia é pra isso?
– É pra isso.
– E pra mais alguma coisa, tia?
– Pá... ver se vê cheirando cola, fumando maconha, [...], fazendo isso, aquilo, leva po... pa... Cemitério do... de... Opa, que lá é Juizado.
– Pra fazer o que no Cemitério da Opa?
– Oxe, fica lá...
[...]
– Quer dizer que a polícia só serve pra isso, é?
– Serve pra isso e pra outras coisa.
– Que outras coisas mais, tia?
– [Fala alguma coisa], bate.
– Bate? E a polícia tinha que bater em alguém?
– Claro, se tava fumando maconha!?
– Então tá certo eles bater?
– Tá.
– Tá? E sempre tá certa, a polícia sempre tá certa?
– Sempre não.
– Então me explique isso aí direito como é.
– Quando os outros perturba, eles pega, bate, de cipó caboclo, bota no sal grosso. Lá no CAM é assim.
– É assim, né? Então a polícia tá sempre certa.
– Tá errada.
– Ou às vezes... tem vezes que tá errada?
– Tem vez que tá certo, tem vez que tá errada.
– E quando é que tá errada?
– Quando os outro fica quieto, ele vai lá procura atrito. Tira os outro do lugar.
– Os outros? Os meninos na rua?
– É.
[...]

(C.M.)

– É... você nunca teve problema com a polícia não, né? Nunca... que é que você acha da polícia? Pra que que serve a polícia, L., na sua opinião?
– Pra defender a rua...

— Pra defender a rua...
— ... a cidade.
— Que mais? Que é que você acha que a polícia serve mais?
— Tem vez pra defender a gente mesmo.
— Pra vocês, meninos de rua mesmo, não é?
— [gesto]
— E você acha que a polícia, ela tá sempre fazendo isso mesmo, defendendo?
— Não, porque... soube que matou um amigo dele, aí ele, que deve tá [= estar] revoltado — passou no jornal —, aí por isso que agora ele tá... não tá nem liberando nem mais pivete de rua. [...] todo mundo.
— Um policial?
— Sim.
— Você viu no jornal, isso?
— Um não, todos. Que mataram um amigo dele, aí ele tá revoltado, aí todos os pivete que pega, mete-lhe a madeira.
— Você viu agora, na televisão, isso?
— Hoje não, já tem... uma semana isso já.
— Sim.
— Um dia desses que nós tava assistindo.
— Aqui mesmo, né? Quer dizer que esses policiais não estão fazendo a função deles?
— Não.
— Então tem uns que têm... fazem a função deles, tem outros que não, é isso?
— É.
— E você gosta de polícia?
— Eu não.

(L.C.S.)

Há inúmeros outros trechos em que se constata essa multiplicidade de representações: polícia ajudando, prestando segurança à população (até aos próprios meninos de rua, segundo alguns), e polícia que bate, maltrata, ameaça. Alguns indícios lingüísticos mostram que os locutores não se incluem entre aqueles que deveriam ter na polícia sua segurança (há mesmo uma predominância de representação de polícia que bate neles, que os ameaça). Observe-se, por exemplo, o operador "mesmo" em "tem vez pra defender a gente mesmo", isto é, até menino de rua é incluído. De que lugar falam esses meninos para se posicionarem dessa maneira em relação à polícia? Eles percebem-se claramente como não incluídos nesse rol dos beneficiários da polícia, aqueles a quem a instituição protege, e encaram como eventual a atitude de proteção da polícia para com eles. Incorporam o entendimento de sua posição de marginalidade na sociedade e deixam marcas dessa compreensão em sua fala sem deixar de apontar para a justeza da ação da polícia em relação ao outro, aquele que recebe segurança, que é beneficiário da ação da polícia. Mas revelam aí, como em outros momentos da entrevista, o entendimento de que não merecem o tratamento que recebem: "– Quando os outro fica quieto, ele vai lá procura atrito. [...] – Os outros? Os meninos na rua? – É." Essa duplicidade de ação policial produz também a duplicidade de representação.

Quase todos os sujeitos desta pesquisa já tiveram algum problema com a polícia, embora nem todos afirmem isso. De todo modo, pelo menos algum seu amigo ou companheiro já sofreu em conflitos com a polícia, em geral de forma violenta, ou com envolvimentos com órgãos como Juizado, CAM, etc. A relação pessoal de cada um desses meninos com a polícia, exceto nos casos em que eles conhecem um determinado policial que se torna seu amigo, é uma relação de confronto, de revolta, de medo, de insegurança, de ameaça. E essa relação não se restringe apenas à sua própria pessoa ou a seus colegas de rua; também atinge seus familiares e amigos. Entretanto, o que eles dizem a respeito de polícia leva a pensar que eles aceitam a polícia "prepotente" (do ponto de vista da ENTR) que se apresenta para eles porque polícia deve ser assim mesmo: agir com violência na resposta ao comportamento marginal ou desviante. O malfeito deve ser punido com severidade, até com agressão física: o ladrão deve ser preso, o drogado deve ser punido e espancado, o delinqüente deve sofrer as conseqüências dos seus atos. Mesmo esses meninos estando inseridos na camada da população mais marginalizada, o segmento social que mais sofre os efeitos de uma ação policial arbitrária e prepotente, em sua maioria entendem como adequada a ação policial. Observa-se o cruzamento de vozes distintas na formação do discurso desses meninos: de um lado, o conhecimento corrente, difundido como modo de controle dos desvios de comportamento na sociedade, de que a polícia é uma instituição criada com a finalidade de prestar segurança, abordando aqueles de quem se diz que criam problemas para a coletividade. O indivíduo que infringe a lei, o que rouba, o que assalta, o que fuma maconha, cheira cola, esses devem ser punidos. Devem mesmo ser espancados. É o que se vê numa das falas: "– E a polícia tinha que bater em alguém?" – Claro! Se tava fumando maconha?!" Essa idéia está presente em outras entrevistas, como:

> – E esses que fuma maconha, cheira cola e tal, o policial bate? Eles batem?
> – [gesto]
> – Você acha certo eles baterem?
> – Acho.
> – Por que, tia?
> – Porque ele fuma maconha, cheira cola...
> [...]
>
> (R.E.)

Observe-se que esses meninos, se não fumam maconha, já fumaram, têm possibilidade de fumar, eles são então um alvo possível dessa ação da polícia. Vê-se que sua representação de polícia incorpora a idéia difundida de que praticar tais atos é delito e que a punição é justa e conseqüente. É uma idéia semelhante à idéia do pecado, na religião: pecou, deve ser castigado. Eles entendem ainda que é a polícia quem deve proceder à correção, a polícia é o organismo com direito a praticar a punição, e algumas vezes eles demonstram não questionar isso.

As passagens abaixo mostram esse duplo entendimento do comportamento policial: da aceitação sem questionamento das atitudes violentas da polícia passa-se ao questionamento. Esses trechos são elucidativos dos processos discursivos que, numa situação de interação verbal entre dois sujeitos, levam em direção à conquista do "novo", à aquisição/construção de um imaginário diferente. Veja-se a passagem abaixo, que retoma trecho da entrevista apresentada no capítulo anterior:

– Nem todas, né? Por exemplo, quando ele bateu no seu ouvido aí, ele devia fazer isso?
– Não.
– Não, né? Por que que não devia fazer isso?
– Eu sou de menor.
– É só por isso?
– [silêncio]
– Se você fosse de maior ele podia arrumar a mão no seu ouvido assim?
– Sei lá.
– Hein? Já pensou nisso?
– Oxe, se eu fosse de maior eu dava, eu dava, eu dava uma pedrada na cabeça dele, [depois] dava um murro na cara dele.
– Sim, tudo bem. Mas a pessoa pode assim, mesmo polícia, chegar e bater assim no outro? Que é que você acha?
– [gesto]
– Não, né? Por que que não pode?
– Porque não é o direito dele.
– Ah! E como é o direito dele?
– Ir conversar.
[...]

(A.A.)

A resposta do menino: "– Sei lá.", a propósito do seu próprio espancamento ou tortura, quando perguntado se, sendo maior, o policial podia bater nele, aponta para um entendimento de que a violência policial, nesse caso, não é incompatível com sua função. Em outras palavras, sua significação de polícia incorpora a idéia de que pode fazer parte de suas atribuições essa reação violenta do policial. À medida que a conversa avança, o menino vai modificando essa representação para afinal declarar que o policial não tinha o direito de bater e que os caminhos de solução do problema deveriam ser outros.

Por outro lado, aí mesmo se podem ver as marcas de uma reação a essa mesma contingência que se apresenta para o menino de rua: ao lado da aceitação do espancamento, quando se trata de um maior, já há, em algumas entrevistas, os ecos de uma outra voz, de um outro discurso que começa a se impor e a circular na sociedade, aquela voz que fala dos direitos do menor e da integridade física assegurada ao indivíduo. É o que se verifica quando ele diz que o policial não podia bater nele porque ele é "de menor", nas palavras iniciais do diálogo. É também o que se vê no exemplo citado na página 117, quando o garoto diz:

> – Oxe, mas tem muito polícia... tem uns bom e tem os mau. Polícia... carnaval mesmo, eles não sabe nem que tem adolescente ou os maus ali, ele sai dando.
> (E.S.)

Há outros exemplos revelando essa mesma circulação de idéias nas falas dos meninos de rua:

> – Quem é ele pá me bater? Ele não me [...]. Eu dou uma queixa dele na delegacia.
> – Ah, você dá queixa, né?
> – Dou, eu já dei de um, eu posso dar agora, [...].
> – Você dando queixa, o que é que acontece, R.?
> – Ele perde a farda.
> – É? Por quê? Me explique aí.
> – Porque ele bateu ni uma criança de menor. Que não fez nada. Ele tem que bater numa pessoa que chere [= cheire] cola, fume maconha, robe, mate... oxén.
> – E ele bate nos meninos que não fazem essas coisas?
> – Bate.
> [...]
> (R.E.)

Ainda que o direito da criança de ter assegurada sua integridade física não esteja garantido para todos, a passagem mostra que para a entrevistada as coisas já são diferentes, uma vez que ela conhece um pouco de seus direitos, conhecimento esse que vem através dessa nova voz de proteção à criança e ao adolescente, traduzida em ações e em documentos vários no mundo e no Brasil, a respeito dos direitos que devem ser assegurados a todas as crianças. É importante observar que R.E. não é uma menina de rua que esteja completamente integrada aos programas de ressocialização do Projeto Axé ou do Projeto Cidade-Mãe. Ela ainda está nas ruas e aos poucos vai sendo atraída para as atividades que se realizam diariamente na Casa de Oxum. Quer dizer, o discurso dos direitos da criança e do adolescente já circula livremente pelas ruas, pelos guetos, em meio aos meninos que vivem em suas próprias organizações, distanciados das instituições e dos programas de ressocialização. E já começa a se corporificar e a mostrar seus efeitos quanto à representação social de polícia que têm esses meninos.

Mas há uma outra face de polícia que se impõe ao menino de rua e que vem da própria relação que esses garotos têm com os organismos policiais, do corpo-a-corpo com os policiais no seu dia-a-dia, de suas experiências traumáticas, da arbitrariedade da polícia quando se trata de lidar com os meninos de rua. São inúmeros os exemplos:

– Você falou que o policial queria lhe bater. Você já teve algum problema com a polícia?
– Já.
– Já teve desentendimento com a polícia? Já!
– Já tô ameaçado de morte. Tanto policial da Lapa. O tal de X quer me pegar. Eles sábado me pegou lá na Lapa, me deu um bocado de pau.
– Me diga uma coisa, J., pra você qual é a função da polícia? Pra que que a polícia existe?
– Pra ajudar, pra nunca bater nos inocente.
– E você acha que a polícia está fazendo isso direito?
– [gesto]

– Não, né? Então ela não tá cumprindo a função?
– O mais que eu gosto de policial é dois policial da Lapa. Um é...
[...]

(J.F.)

Para esse menino, polícia existe para "ajudar, nunca bater nos inocente". Mas sua experiência com a polícia é exatamente o oposto disso: ele está jurado de morte por um policial. Por outro lado, há dois policias que são seus amigos e o ajudam até contra os colegas de farda, por isso essa é a polícia de que ele gosta, isto é, desses dois policiais.

Na verdade, para esses meninos, a representação de polícia como instituição criada para dar proteção e segurança à população funciona mais como um "dever ser", não como um "é". As perguntas feitas pela ENTR: "– Para que serve a polícia? Qual a função da polícia?" – desencadeiam respostas que vêm de um discurso oficial, corrente, que preconiza a necessidade da polícia para que a vida em comunidade seja assegurada a todos. O recorte do menino parece apontar para um "desejo representado" – "[polícia serve] pra ajudar, pra nunca bater nos inocente" –, sustentado nesse discurso oficial da necessidade da polícia na sociedade como forma de evitar os excessos e de garantir a todos a integridade, "todos" no qual ele estaria incluído. Sua experiência com a polícia, no entanto, expressa o sentido contrário a esse desejo. Daí essa representação de polícia que aparentemente é contraditória: de um lado, ela serve para "ajudar, nunca bater nos inocente". De outro, ela não procede assim com ele, bate nele, ele não gosta de polícia.

Aqui também, como no caso de família, os meninos caminham entre representações diversas do que seja a polícia: uma, a polícia que prende os bandidos, que dá proteção às pessoas e que, para eles, é uma polícia do "dever ser"; a outra, a polícia resultado da sua relação diária, e da de seus companheiros, com os policiais, o enfrentamento diário com eles, num empreendimento malsucedido.

O discurso desses meninos, que só aparentemente é contraditório, revela como se processam as significações dadas às relações entre os homens, às relações entre os homens e o mundo. É evidente que, se essas perguntas fossem feitas a pessoas de situação socioeconômica e educacional diferente, as significações dadas à instituição policial seriam outras. Para estes, de um modo geral, não é a polícia que é transgressora, é o garoto que está contrário à lei.

É claro que a imagem de uma polícia isenta, meritória, honesta dificilmente é aceita hoje, mesmo entre os seus mais ferrenhos defensores. Os meios de comunicação e mesmo os movimentos cotidianos de rua impedem que se crie, de "polícia", uma significação como essa. Mas a representação de polícia como uma organização, uma instituição criada para dar a todos os elementos de uma sociedade a segurança e proteção contra os abusos de quem quer que seja, ainda é facilmente mantida e defendida por aqueles que não tiveram, em momento algum, sua segurança e seus direitos ameaçados por essa mesma polícia. A idéia de que a polícia dá segurança ao cidadão é fortemente mantida em certos segmentos da sociedade.

As representações sociais desses meninos no que diz respeito à instituição policial, conforme se pôde ver, "revelam", é claro, atributos semânticos à noção de polícia até contraditórios: por um lado a sua experiência no cotidiano de suas vidas, na relação que mantêm com o organismo policial, faz que esses meninos operem sobre essa realidade vivida de um modo específico, e a língua, "como um trabalho de reconstrução do vivido", vai "assumindo" os contornos gerados nesse processo de reconstrução. Desse lugar de onde falam esses meninos, polícia tem essa significação do mal, do prejuízo, da coisa perniciosa. Por outro lado, como sujeitos nascidos e criados em um ambiente onde os discursos institucionais acolhem e recomendam a instituição policial como meio de proteger a "população" da parte podre que nela existe (e deve sempre haver reservado um grupo vulnerável para "incorporar" essa caracterização do mal), punindo o infrator pelo erro cometido "mesmo que" seja através da violência, da truculência, da penalidade mortal, esses meninos incorporam também a idéia de que a polícia protege, "faz cumprir a lei", etc. Aliás, esse "discurso" de que o erro, o delito é para ser combatido e de que o infrator deve pagar, até com sua vida, pela infração cometida, certamente deve circular com mais veemência nos segmentos da sociedade que, de alguma maneira, cometem transgressões e pagam muito caro por elas. O discurso desses meninos e meninas é resultado/resultante desses vários lugares de onde eles falam, das várias experiências e interações socioverbais que vivem.

O que os meninos dizem sobre a sociedade na qual vivem – como entendem a questão da desigualdade social, a existência de riqueza e pobreza na sociedade

Como são temáticas entrelaçadas – o olhar dos meninos de rua sobre a sociedade e sobre a coexistência de pobreza com riqueza – e de significações discursivas implicadas, optou-se por fazer delas uma abordagem unificada, numa mesma seção, para permitir uma apreensão mais efetiva dos liames e das implicações que esses campos temáticos apresentam. Entretanto, serão vistos num primeiro momento os recortes referentes às representações relativas às relações dos meninos de rua com a sociedade, entendendo-se por sociedade o conjunto de pessoas com quem o garoto lida, se envolve, interage, relaciona-se de algum modo em seu cotidiano. Em seguida as passagens em que se dispõem a falar de riqueza em contraposição a pobreza, desigualdade social, mediante questionamentos da ENTR.

– O que você acha da sociedade, das pessoas da cidade? Como a sociedade trata você e os seus coleguinhas nas ruas?
– As pessoas com quem você se encontra, com quem você cruza nas ruas, elas dão atenção, dão importância a você, aos meninos de rua?

Com perguntas desse tipo a ENTR introduz o assunto. Essas questões são, dependendo do rumo da conversa, desdobradas em outras, como: "– Toda a sociedade, todas as pessoas tratam assim? Ou algumas pessoas tratam de um jeito, outras pessoas tratam diferente?" Às meninas, é questionado se elas acham que lhes é dispensado um tratamento diferente daquele dispensado aos meninos; e se sofrem mais do que os meninos pela situação de estar nas ruas.

Como nos outros questionamentos, houve muita resposta curta, muito silêncio, muita abstenção, e houve aqueles que se debruçaram com mais empenho sobre a questão. A idéia de sociedade que eles acabam por manifestar se revela sobretudo quando a pergunta incide diretamente sobre suas relações com essa sociedade, se as pessoas tratam bem ou não os meninos de rua:

– Olhe, repare. As pessoas todas, as pessoas da cidade, a gente chama de sociedade, não é? Como é que essas pessoas tratam você?
– Mais ou menos. Quando nós passa, pensa que vai robar, bota a bolsa pro lado.
– É, né? Que é que você acha da sociedade, J.?
– Como?
– Qual a sua opinião sobre a sociedade, sobre essas pessoas?
– Sei não.
– Diga tudo que você sente.
– [silêncio]
– Depois a gente pode ouvir e você vai ver o que você falou.
– Sei não.
– As pessoas te tratam mal, todas assim?
– É... todas não [menos umas], que aqui em Salvador mesmo, quando nós vai nos prédio pedir um prato de comida, alguma coisa, bate a cara na porta, faz um bocado de coisa, aí nós vai, sai, nós pede comida em quase todas casa [...].

(J.F.)

A pergunta "Que é que você acha da sociedade?" em geral não possibilitou, por si só, o aparecimento da resposta pretendida. O mais comum é obter a idéia de sociedade através da pergunta: "– Como as pessoas te tratam nas ruas?", como se pode ler na passagem acima. Os entrevistados recorrem a suas experiências diárias com as pessoas com quem deparam para se expressar sobre essa sociedade. A representação de sociedade, entendida quanto ao aspecto das relações mantidas entre as pessoas, vem das experiências e vivências nessa interação direta nos lugares por onde os meninos andam. Podem-se ver, num e noutro pontos, observações, comentários de alguns desses meninos revelando a presença de conhecimentos do assunto, e incorporados aos seus discursos, oriundos de outras fontes que não são meramente aquelas de sua experiência pessoal.

– Bom, você é que sabe. Agora me diga uma coisinha. As pessoas da sociedade, as pessoas tratam bem você? Que é que você acha da sociedade, das pessoas de modo geral que vivem na cidade?
– Eu acho umas... boa pessoa, um pouco, sabe, tá unido, em qualquer ocasião, em qualquer lugar, todo mundo ali no cantinho dele, né? Ou senão tem um colega aqui, um colega, fico conversando.
– Isso você na rua com seus amigos, não é isso?
– [gesto]
– Mas as outras pessoas, as que não são da rua, as que estão nos carros, as que tão..
– As que tão no carro vê a gente parado assim, atravessando, pensa até que é um ladrão, fica assim tudo olhando assim: "É, na rua hoje em dia é cheio de pivete, tudo robando, polícia não faz nada." Polisso [= por isso] quando os menino pega na sinaleira, dá uma tijolada no vidro, pronto.
– Pega na sinaleira, o que é que tem?
– Tem vez mesmo que... quando a gente tá indo pro Uruguai, tem uma mulher que sempre é lá do ponto, onde a gente pega ônibus, por que ela não tá com medo da gente? A gente chega pra ela todo dia e fala: "A gente somo ladrão

> não, a gente temos o nosso dinheiro pra comprar o que a gente quiser." Ela... pega a bolsa e fica assim.
> [...]

(E.)

No primeiro momento o garoto fala sobre o que ele considera uma sociedade relativamente harmoniosa, formada por seus pares, a coletividade de iguais, o companheirismo. Em seguida, após a interrupção da ENTR: "– Mas as outras pessoas, as que não são da rua, as que estão nos carros, as que tão...", ele vai falar sobre o que acha da sociedade da qual ele não se sente participante: as outras pessoas, as que passam nos carros, nas ruas, como é, aliás, sugerido pela ENTR. Há, portanto, para esse menino, a representação clara de uma sociedade dividida: aquela da qual faz parte e uma outra que lhe é hostil, na maioria das vezes. E aqui se repete a imagem que faz de si próprio o menino de rua, não se percebendo como componente dessa sociedade, como foi discutido anteriormente na seção referente ao estudo sobre o tema polícia.

Para expressar o que ele acredita que seja o pensamento da sociedade, ele se utiliza do mecanismo do discurso direto, colocando na boca de alguém supostas idéias a respeito de menino de rua, num exemplo de "heterogeneidade mostrada" nos dados:

> – [...] pensa até que é um ladrão, fica assim tudo olhando assim: "É, na rua hoje em dia é cheio de pivete, tudo robando, polícia não faz nada."

Nesta passagem, é relevante notar que o locutor imputa a outro as representações sociais de meninos de rua que as pessoas têm, conforme sua própria representação de como a sociedade os vê. Essas marcas de distanciamento entre o que os meninos pensam de si próprios e o que outros dizem deles, evidenciadas pelo recurso ao discurso direto ou indireto livre, estão presentes em outras entrevistas gravadas.

Em geral, as respostas caminham todas na mesma direção revelada pelos relatos desses dois meninos. A sociedade em geral os vê como ladrões, pivetes, marginais, de quem as pessoas têm medo; seus relatos revelam que muitas das atitudes das pessoas para com eles servem como estímulos para que eles tomem atitudes contrárias à ordem e à lei, quase como uma desforra. Isso se vê no último relato, bem como em outras entrevistas. A uma ação hostil das pessoas em direção a eles sobrevêm outras reações violentas, ilegais (atirar pedra, roubar, etc.). Veja-se a continuação do relato de J. F., o primeiro dos recortes apresentados acima:

– E quando você sai desse lugar, como é que você se sente?
– Meio [...], dá vontade de robar na hora, mas aí quando eu... antes de robar eu fico tremendo, aí eu [...], eu fico com medo de robar, que eu... eu robei só duas vez só, foi o carro e o relógio da mulé [= mulher], no outro dia passado. Só isso. Aí eu fiquei com medo de fazer isso porque que o policial me pegasse, queria me bater tanto, aí eu ficava com medo.

Os meninos também mostram rejeição a essa idéia generalizada que a sociedade, segundo eles, tem a seu respeito, classificando-os a todos como infratores:

– Agora, você acha que todas as pessoas que tão na rua são assim, dignas de confiança como você?
– Não, não, não são.
– Não são, né?
– A maioria dos menino que eu conheço é... passa gente, vê sandália bonita, um tênis, bate e toma. Por isso eu achava assim...

(C.)

Os próprios meninos estabelecem uma diferença entre os grupos que estão nas ruas, dividindo-os em meninos que não têm comportamento infrator, que não roubam, mas ainda assim as pessoas maltratam, quando não deviam fazê-lo (já que eles apenas estão nas ruas mas não são infratores); e meninos que merecem, de certa forma, o tratamento de desprezo que lhes é dispensado pelas pessoas, em virtude de seus próprios feitos. É o que se pode ver na passagem abaixo:

– Eu sei. Venha cá, E., as pessoas da sociedade, as pessoas todas que a gente vê por aí, a gente chama de sociedade, né? É... que é que você acha das pessoas? As pessoas tratam bem você? Tratam bem as crianças que estão na rua?
– [À-A] maioria trata, mas uns... não tem nem chance de ser tratado bem, que só quer pensar em robar, matar, desse jeito não dá...

(E.)

Repete-se aqui a idéia de que alguns indivíduos merecem o tratamento que recebem da sociedade – como antes ocorrera com a questão da polícia, o infrator deve receber o castigo merecido –, em função de um comportamento não aprovado. É óbvio que os meninos, em seus contatos com as pessoas, vão formando opiniões a respeito de si próprios como grupo, grupo formado de meninos de rua, tidos como delinqüentes, até marginais; por essas interações vão apreendendo as imagens que a sociedade tem deles:

– Me diga uma coisa. As pessoas todas da rua, as pessoas da cidade, a gente chama de sociedade, você sabe disso, não é? Como é que as pessoas, como é que a sociedade trata você, seus amigos que estão na rua?
– Tem uns que trata mal [...]. Quando eu tava na rua mesmo, passava uma mulher, eu: "Tia, arranja um trocado?", ela: "Vá trabalhar, vagabundo."
– Dizia assim pra você?
– "Vá trabalhar! Fica aí na rua!" Quando eu ia arranjar comida mesmo, chegava num prédio: "Tia, arranja um pouquinho de comida?" "Ah, vá trabalhar, vai procurar alguma coisa pra fazer. Por que não fica em casa? Não tem mãe, não tem pai, não sei o quê..." Aí eu ficava assim olhando, falei: "Porra, dá uma raiva." Eu ir lá em cima dela dar uma bronca,

ela falando isso, ela não sabe, amanhã ou depois, quem ri por último ri melhor...

(E.S.)

– [...] pensando que eu ia robar ele, saiu de junto de mim. Tem outros quando passa de junto da gente fica falando, várias... é... falando coisa, uns têm medo, outro... é... trata é... uns, principalmente uns, tudo racista, quando vê a gente pede [...] alguma coisa num dão, fala coisas horrorosas pá gente... Certo que a gente tá na rua, mas também né, mas não desse jeito que eles têm que tratar a gente. Eu mesmo... eu me lembro... por isso o menino quando mata, faz, acontece... porque eu acho que merece, uma parte merece, porque do jeito que eles tratam... Ontem mesmo eu vi, o menino foi pedir: "Moço, me dá 10 centavos pá comprar um pão?". Ele falou: "Vá procurar o que fazer, vá robar que é melhor." Ele pediu, não quis dar, por isso que ele vai e roba. Eu dou razão a eles.

– Os [= aos] meninos, né?

– É, porque pediu, mandou robar! Se foi pro outro: "Não, vá trabalhar, vai pra casa, trabalhar." Não, ele mandou foi robar. E tinha cara de barão, ele.

[...]

(C.)

Nos últimos trechos transcritos, pode-se perceber a idéia de desforra, que aparece quase como se fosse uma justificativa para, pelo menos, alguns atos dos meninos; vê-se também a divisão entre eles próprios, agrupados entre aqueles que são marginais e aqueles que vivem nas ruas mas não são infratores. Em relação a esse aspecto há uma frase, no último recorte, que é bem elucidativa quanto ao julgamento que alguns fazem dessa representação que as pessoas têm deles, generalizando e tratando todos como delinqüentes por viverem nas ruas: "[...] principalmente uns, tudo racista, quando vê a gente pede [...] alguma coisa num dão, fala coisas horrorosas pá gente... *Certo que a gente tá na rua, mas também né, mas não desse jeito que eles têm que tratar a gente. Eu mesmo...*" A menina tem consigo a representação de que morar na rua é algo errado, não comum, malvisto na sociedade, e que isso tem conseqüências nefastas para eles. Essa idéia,

capítulo 3 • **133**

certamente, ela a incorporou da voz corrente que circula entre as pessoas da sociedade, uma idéia que vem dos códigos de ética vigentes, da moral difundida que preconiza que morar nas ruas significa antes de tudo vagabundagem, caráter duvidoso, preguiça, ócio. Assim como é uma idéia condenada a de fumar maconha, cheirar cola, roubar, assaltar... Por isso os que praticam tais atos merecem o tratamento dado pela sociedade; e aqueles que moram nas ruas estão sujeitos a ser tratados de uma maneira não decente. No entanto, a menina deixa ver que essa concepção de vida nas ruas, sendo por si só considerada quase um "delito", uma falta, não deve se propagar e ela reclama o direito de ser bem tratada como qualquer pessoa, posto que, mesmo que esteja morando nas ruas, não está infringindo nenhuma lei, não comete nenhum delito que justifique tal atitude das pessoas.

É importante observar que os próprios meninos se empenham em mudar essa representação de meninos de rua, tão generalizada quanto a que se verifica entre as pessoas. Eles mesmos põem-se a explicar, para as pessoas que mostram desprezo ou aparentam medo a suas presenças, que eles não são ladrões e não vão roubá-las: "– a gente não somos ladrão não, a gente temos o nosso dinheiro pra comprar o que a gente quiser".

Há também entre eles a idéia de que a atitude de rejeição, de desatenção e de desconsideração da sociedade para com eles agrava o problema dos que vivem em tal situação, como se pode observar no trecho da entrevista de C., e que pode ser confirmado em outras entrevistas:

– Não, nem todas pessoas, né? Quer dizer que... se você tivesse que dizer alguma coisa sobre a sociedade, que é que você diria dela? A sociedade olha pra vocês ou não?
– Da minha parte eu acho que não.
– Não, né?
– Porque, se olhasse, eu acharia que não existiria quase ninguém assim de... pessoa assim, necessitado...
– Morando na rua?
– ... na rua.
– Sim.

– Porque ali mesmo, dali dá pra ver, tem uma família morando, bem ali debaixo daquele pé de árvore.
– Tem o quê?
– Dali dá pra ver, tem uma família morando debaixo de um pé de árvore.
– É? Aqui fora?
– Hã, hã. Jacira que me amostrou.
– Você acha que se a sociedade desse importância às pessoas... o que é que ia acontecer?
– Não tinha ninguém na rua.
– Não vivia ninguém na rua, é isso o que você falou?
– [gesto]
[...]

(G.)

Esses trechos são claros quanto ao papel e à responsabilidade que esses meninos atribuem à sociedade na existência e formação de comunidades que vivem nas ruas. Como já comentado, a reação violenta das pessoas à abordagem dos meninos, instigando-os ao crime, ao roubo, é geradora de uma contra-reação também violenta, e isso é de responsabilidade da sociedade. O descompromisso, a omissão das pessoas em relação ao que se passa ao seu redor, é também uma razão para a manutenção dessa ordem de coisas.

Esse papel atribuído à sociedade, o de ser também responsável pela vigência dessa situação, é uma voz que se incorpora a outras na formação do discurso desses meninos em torno ao tema, e que se acrescenta às representações que os meninos vão construindo sobre as pessoas e sobre o que as pessoas pensam deles, em seus contatos na vida cotidiana. Esse tipo de comentário não é observado em todas as entrevistas, pelo menos não tão explicitamente. Mas a idéia aparece furtivamente quando eles expressam apoio a uma reação violenta, como roubo, tijolada no carro, etc., à maneira desprezível com que são tratados. A contra-reação imediata é a forma de, além de tudo, eles mostrarem que são capazes também de se indignar:

> – Hum, hum, tá legal. [pausa] É... a sociedade, as pessoas na rua, como é que elas tratam as meninas e os meninos que estão na rua? Como é que as pessoas na rua tratam vocês?
> – Ó, um dia eu fui pedir dinheiro ao rapaz, o rapaz falou: "Por que você não vai robar?" [pausa] Eu disse mesmo assim: "Vá você, seu filho da puta, robar você, vá você no meu lugar, viu, senão eu vou ali chamo a [...] pá você." Ele ficou com medo, disse: "Tô brincando, tia, com você, você é muito ignorante." Falando assim comigo. Fiquei com uma raiva. Aí ele me deu 10 centavos, me tapeando.
> [...]
>
> (R.E.)

Boa parte das entrevistas revela essa indignação, revolta e um sentimento de revanche como uma resposta às situações em que eles são maltratados quando abordam as pessoas para pedir algo.

Outros meninos, porém, adaptam-se à vida nas ruas e ao convívio com as outras pessoas sem, aparentemente, incomodar-se com o modo como são tratados:

> – [...] Seus amigos, as pessoas que passam pela rua, que você vê, as pessoas que param no carro, nos ônibus, tudo é a cidade, essas pessoas que formam a cidade a gente chama de sociedade. O que é que você acha da sociedade? Como é que essas pessoas, a sociedade trata você e os coleguinhas seus?
> – De rua?
> – Hein?
> – Na rua?
> – Na rua. Quando você tá passando, onde você tá dormindo, onde você tá brincando, como é que essas pessoas tratam você?
> – Ah, nunca me trataram mal não.
> – É? Nunca te disseram nada de mais, né? Então você acha que a sociedade... é o quê? Digaí?
> – Sei lá!
> – Sabe! Você que não sabe!? A sociedade, esse conjunto de pessoas, trata você bem? É boa?
> – É... [eu, tratava] né, rapaz, não me batendo nem nada, oxe! Também eu não bulia com ninguém, ficava lá na minha, na Barra.

– Você dormia aonde?
– No Porto.
– No Porto da Barra, né?
– Em frente à farmácia.
– No chão, ali no chão, né? No papelão, né? Ali não faz frio não?
– [gesto]
– Certo. E ali as pessoas não te maltratavam não?
– Não.
– Que é que você acha então da sociedade? Você não tem nada contra, né?
– [gesto]
– Certo. [...]
[...]

(F.R.)

A entrevista desse menino é a única, nos dados coletados, que não relata maus-tratos. Mas, como todas as outras, revela uma divisão na sociedade entre os que vivem nas ruas, como ele, e os outros, com quem ele depara todos os dias. Para esse garoto especialmente (no *corpus* examinado), os maus-tratos das pessoas só se concretizariam através de ações de violência, de pancada, de brigas. Como isso não acontece com ele, prefere dizer que a sociedade o trata bem. Talvez, porém, essa não fosse a sua expressão se estivesse conversando com outro tipo de interlocutor, em quem sentisse mais confiança para se aventurar por caminhos mais críticos para com a sociedade, pelo menos para com esse lado da sociedade à qual ele sabe que a ENTR pertence.

As outras conversas apontam, entretanto, para uma outra diferença: de um lado, uma sociedade que maltrata, despreza; de outro, algumas pessoas que ajudam, conversam, até orientam.

– Mas as pessoas com quem você tem contato, todo mundo lhe tratava assim?
– Não, todos não, tinha uns, tinha umas freguesa mesmo, eu ia lá no prédio meio-dia, ela dava comida, me dava

roupa, eu passava lá direto. Um dia mesmo... o pivete deu-lhe um bote, levou o relógio dela, eu dei um pinote, corri atrás dele, peguei ele, mandei devolver.
— Hum, hum.
— Ele nem tava querendo devolver, ficou me chamando de cagoete [= cagüete]. Aí eu falei: "Não, não sou cagoete não, é porque a tia aí é decente. A gente pode até cair de fome, aí ela pode chegar com um copo d'água, um prato de comida, dar de noite." Aí eu peguei: "Tome aí, tia, seu relógio", peguei, devolvi o relógio dela.
— Quer dizer que tem umas pessoas que são... são legais?
— Tem umas que é ruim, tem outras que não.
[...]

(E.S.)

— E como é que ela conheceu você?
— Ela me conheceu outra vez que eu pedi um real a ela ali no Superpão, ela pegou me chamou: "Vombora lá em casa". Peguei, fui. Ela nem... Me deu a mão, eu toda suja, eu lembro que tava com um *short* branco, encardido, descalça, toda suja, meu cabelo era grande, aí meu cabelo tava sujo, ela mandou eu tomar banho, tomei banho, me deu calcinha, me deu roupa, que ela tem uma sobrinha de minha idade mais ou menos, me deu roupa, me deu uma sacola cheia de roupa, ela perguntava se eu tinha lugar onde ficar, ela mandou eu procurar o Juizado, se eu não tivesse casa, conversou comigo, me deu um bocado de coisa, aí mandou aparecer lá, eu ia, me dava comida, me dava dinheiro, tudo isso; ela confiou na gente, tá vendo, [:::] eu falei com a senhora, tem uns que confia na gente, tem outros que não.
[...]

(C.)

A esse lado da sociedade que os trata com atenção, os meninos também mostram seu agradecimento, fazendo o que podem fazer, em retorno. Entretanto, esse aspecto não é o mais comum nas conversas gravadas, e o que predomina mesmo é a idéia de uma sociedade que desaprova com veemência o comportamento dos meninos, não hesitando em assumir atitudes hostis para com eles, e a idéia do fosso que se estabelece entre, de um lado, o grupo dos meninos e de pessoas em geral que vivem sem teto, e do outro, a sociedade ordeira, legal. A idéia dessa divisão pode ser vista nas próprias questões da ENTR, quando ela diz, por exemplo: "Mas... eu não estou falando do grupo de meninos de rua... eu quero saber das outras pessoas, as que passam nas ruas, que estão nos carros..." Suas palavras, certamente, já contêm a idéia de que a sociedade é mesmo dividida. E isso faz a conversa com o menino tomar um rumo. De certa maneira, a pergunta "orienta" o desenrolar da conversa.

Em boa parte das entrevistas examinadas, a idéia dessa divisão da sociedade, entre os que tratam bem e os que tratam hostilmente o menino de rua, não surge imediata ou espontaneamente como resposta. Ela, em geral, aparece após a pergunta da ENTR e assume formas como:

– As pessoas tratam mal, todas assim?
– Todas as pessoas tratam assim, ou algumas sim, outras não?,

ou outras parecidas, com conteúdos que apontam para a possibilidade de haver uma divisão nessa sociedade da qual eles estão falando:

– Às vez eles trata assim de uma maneira, de um modo que não devesse tratar.
– Não deve tratar?
– Não.
– Sim.
– Quando às vez a gente tá com fome, a gente vai e pede, aí as pessoa fica falando, reclamando.
– Como, reclamando?
– Fica falando: ah, vá trabalhar, que não sei o quê! Fica falando um bocado de coisa.
– E, venha cá, venha cá, me diga uma coisa aqui: sempre é assim, G.?
– Não, nem todas pessoas.

capítulo 3 • **139**

– Não, nem todas pessoas, né? Quer dizer que... se você tivesse que dizer alguma coisa sobre a sociedade, que é que você diria dela? A sociedade olha pra vocês ou não?
– Da minha parte eu acho que não.

(G.)

– Não lembra, né? E olhe, as pessoas todas da cidade, as pessoas com quem você cruza por aí, todas as pessoas, nós todos, a gente chama esse conjunto de pessoas de sociedade, né? Eu quero saber assim o que é que você acha... como é que as pessoas, como é que a sociedade trata vocês, os meninos que estão vivendo na rua?
– Trata mal.
– Trata mal, é?
– [...] que nem roba, leva preso [...]
[...]
– E esses não roubavam? Esses meninos não roubavam?
– Pedia.
– Só fazia pedir?
– É.
– Você não passou muita fome na rua, não?
– [silêncio]
– As pessoas davam comida?
– Dava.
– Então tem... a sociedade trata mal, mas também tem alguma sociedade que trata bem?
– Tem uns que trata, tem outros que não.
– É, né? Como é que é o tratar bem?
– Muita vez a gente pede comida a elas, tem uns que já conhece a gente, dá comida a gente meio-dia, tem vez.
[...]

(L.C.S.)

As perguntas da ENTR de certa forma são desencadeadoras das falas dos meninos, as quais contêm apreciações mais detalhadas sobre as relações entre eles e as pessoas com quem interagem e que não são do seu mesmo grupo. Como as perguntas remetem ao já conhecido, os meninos vão tecendo, juntamente com a ENTR, um discurso com apreciações mais amplas sobre a temática. A fala da ENTR permite ao menino ir construindo o seu discurso, trabalhando com a linguagem a partir de um dado da realidade já significada para ele. Veja-se o último dos trechos acima transcritos. À primeira pergunta da ENTR, o menino diz, generalizando, que as "pessoas tratam mal os meninos de rua", e prossegue mostrando que até mesmo crianças não infratoras sofrem esse mesmo tratamento. A ENTR, mais adiante, pergunta se "ele passava fome nas ruas" e se "as pessoas davam comida", ao que o menino responde afirmativamente. A resposta do menino indica, para a ENTR, a possibilidade de introduzir uma questão que apontasse para um novo entendimento dessa realidade, o de que a sociedade está dividida entre os que de alguma maneira vêem esses garotos com algum sentimento positivo e os que os repudiam. Essa pergunta faz iluminar outra faceta da questão, e o diálogo toma outro rumo.

As perguntas sobre a temática da desigualdade social, sobre a coexistência de riqueza com pobreza vêm, em geral, após toda essa discussão sobre a sociedade e as relações entre as pessoas. A pesquisadora/ENTR aproveita o momento e questiona os garotos sobre o que eles acham da desigualdade social existente na sociedade:

– Na sociedade há muitos ricos e muitos, muitos pobres. Na sua opinião, por que isso acontece?
– Por que há essa divisão entre ricos e pobres? Por que alguns são ricos e outros são pobres?
– Você acha que há alguém ou alguma coisa que é responsável, que tem culpa dessa situação?

Essas perguntas ensejarão outras, para se obter sempre mais falas do menino sobre o tema, dependendo do desenvolvimento do diálogo: "– Por que umas pessoas trabalham tanto e outras tão pouco? Será que Deus tem responsabilidade sobre isso? O governo? A própria pessoa?" "– Essa situação é justa? Deve continuar assim?"

De modo geral, eles respondem ao que lhes é perguntado e tentam dar uma explicação sobre a existência de pessoas pobres e pessoas ricas, mas sempre através daquele mesmo processo que a ENTR utiliza de ir, de alguma maneira, "puxando" o assunto, oferecendo "ganchos" nos quais os meninos se apóiam para falar de tais temas.

As respostas dos garotos/adolescentes são muito variadas, apresentando representações de toda ordem e natureza. As perguntas fazem surgir respostas que dizem respeito tanto à origem da pobreza e da riqueza quanto aos modos de enriquecimento de uma pessoa.

Há algumas idéias que são recorrentes, como a que preconiza que o homem que nasce pobre faz-se rico por seu próprio esforço, com o seu trabalho, aos poucos, paulatinamente. Embora recorrente, essa idéia não se mostra tão firme quando se trata de pessoas como os próprios meninos de rua, muito pobres: é difícil para quem é pobre tornar-se rico, dadas as dificuldades que encontra para estudar, trabalhar. E há argumentos de ordem fatalista, determinista e também religiosa para explicar a pobreza ao lado da riqueza:

> – Bom, é, na sociedade tem gente rica e gente pobre. Muita gente rica, ricona mesmo, a gente não sabe bem que diabo de dinheiro tem, tem gente mais ou menos, tem gente pobre e tem gente muito pobre. Na sua cabeça, na sua idéia, por que que acontece isso? Por que acontece isso? O que é que você acha?
> – Como assim?
> – Por que que no mundo tem gente rica e gente pobre?
> – Ah [...], ah! É um pouquinho fácil de entender também.
> – É fácil de entender?
> – Porque tem um que já nasceu pobre, já nasce pobre, aí começa a... assim, com uns 10... começa a estudar assim com uns 10 anos, 9 anos, vai estudando, estudando, assim dia de sábado trabalha, faz alguma coisa, vai indo, vai indo, aí sim, vai estudando, [pode] arranjar um emprego bom, depois passa pra outro emprego mais bom ainda, vai indo, vai indo... aí, tá tendo o seu dinheiro bem [...]

– Esse fica rico?
– É, pode ser.
– Pode ser. Mas tem uns que não ficam? Por que é que você acha que eles... já no início tem uns pobres e uns ricos? Você sabe explicar isso?
– Tem uns também que já nasceu rico.
– Por que é que uns tem mais dinheiro que os outros? Alguém tem culpa disso?
– Não, acho também que ele também lutou.
– Como é que é?
– Eu acho que também aquele que teve dinheiro também lutou.
– Lutou, né, tio? Por conta própria?
– Que nem Nívea [referência à diretora da Casa D. Timóteo], como ela me contou. Nívea disse que era pobre, um pouco pobre no interior.
– E lutou muito! Tá certo.
[...]

(M.M.)

– [...] Meu trabalho não tem nada a ver com o Juizado. Me diga uma coisa: na sociedade, nas cidades, tem gente muito rica, você sabe disso. Gente rica mesmo, e tem outras pessoas que são pobres, tem outras pessoas que são muito pobres. O que é R., o que é que você acha? Por que é que tem pessoas pobres e pessoas tão ricas assim, no mundo? Qual sua opinião sobre isso?
– Porque rico trabaia, né, pá ter o dinheiro deles.
– Sim. E os pobres?
– E os pobre? Pode até virar rico.
– Pode?
– Porque na briba [= Bíblia], quando minha mãe tinha bibra, disse que os pobre pode, trabaiando, se tornar rico.
– Sim.
– Indo pá igreja, é... rezando... é... orando por Deus pá Deus dar coisa boa.
[...]

(R.E.)

Num e noutro desses recortes, bem como em outras entrevistas, aparece a idéia do homem que pode enriquecer trabalhando. É o conhecido argumento do homem que se faz por si mesmo: o *self-made man*, próprio das sociedades ditas liberais em que, teoricamente, a todos é dado o direito e a possibilidade de dar-se bem na vida, bastando para tanto o trabalho. É o trabalho que fará o homem enriquecer. No segundo trecho acrescenta-se o conhecimento vindo da religião, que ensina que se o homem trabalha e é temente a Deus, se cumpre suas obrigações religiosas, a ele é dada a possibilidade de se tornar rico. Há um cruzamento claro de duas fontes originárias no discurso da menina, que se coadunam, se encaixam perfeitamente: o trabalho, que faz enriquecer; e a prática e a fé religiosas que fazem com que o poder de Deus ajude no enriquecimento das pessoas pobres. Deve-se notar aqui que não há causas explícitas da pobreza, há só explicação de como chegar a ser rico. Outras entrevistas, entretanto, expressam uma explicação da própria pobreza:

– Não é? Tem gente rica, também não é tão mas tem, tem gente pobre e gente muito pobre. Que é que você acha, E.? Por que é que tem essa divisão assim entre as pessoas, essa diferença assim entre as pessoas? Por que é que você acha que existe isso?
– Porque aí eles, quer... a gente que é pobre, pobre mesmo, não pensa no futuro, fica só ali na maresia, come dali, come de cá, pega um leite, dá o filho pequeno, vai numa casa, manda o filho pedir um pouquinho de comida, aí eles não... igual assim eu vou contar minha vida de casa: em casa, quando meu pai saiu do Pólo, ele alugou uma casa, aí ele alugou uma casa lá em Periperi, botou eu, minha mãe, todo o mundo dentro, eu cheguei em casa, só tinha uma televisão só, que a gente veio do interior, só trouxe uma televisão só, aí minha mãe pegou um fogaleiro [= fogareiro], cozinhava, depois, quando minha vida foi mudando mesmo, ói minha mãe fazia bolo, fazia um bocado de sobremesa, a gente... eu nem queria, eu jogava era no lixo, aí tinha um menino, passava lá, um menino de lá do bairro de... de outro bairro, a gente começou vender amendoim ó, aí o rapaz foi lá: "Dona D., bote seus filho pá vender amendoim." Aí a gente começou a vender amendoim cozido, minha mãe foi comprar [saca] de laranja pá

vender em casa, foi vendendo, vendendo, aí depois a vida foi mudando. Comprou um [...].
– Foi melhorando?
– Foi melhorando, melhorando. Hoje em casa não falta nada. Lá em casa o que não tem só é videocassete, deixe eu ver, máquina de lavar roupa e ar-condicionado só, essas três coisas, mas o resto tudo tem.
– Mas então, seguindo aí essa sua maneira de pensar, quer dizer que tem pessoas ricas e pessoas pobres por que mesmo?
– E tem pessoas muito pobre.
– Muito pobre mesmo. Por que é então? Por causa da própria pessoa?
– O quê?
– Por que que tem essa diferença? Por que um é muito rico, outros muito pobres?
– Não, porque aí ele já nasceu pobre já. Já nasceu pobre mas foi como eu disse, corre dali, corre de cá, não pensa ni fazer nada, não pensa no futuro; ela pensa ni uma coisa mesmo, como o rapaz pensou e disse a minha mãe pra gente vender amendoim, [até hoje aí] que não fosse a gente, fosse [= não fosse] minha mãe, a gente tava só [...], só com a televisão, só vendendo amendoim, pagando aluguel...
[...]

(E.S.)

Aqui aparece a idéia de uma razão da pobreza como algo atribuído à própria pessoa que não tem iniciativa, não procura fazer o que ele, o menino, diz ter feito, junto com a mãe e os irmãos, quando se viram abandonados pelo pai, na tentativa de melhorar de vida: vender amendoim, laranja e conseguir comprar o material necessário para dentro de casa. Aparece em seguida, também, e bem evidenciada, a idéia do enriquecimento por iniciativa da própria pessoa, ilustrada inclusive com a sua experiência de vida. O pobre não se preocupa com o futuro, não procura trabalhar, "fica na maresia", pede esmola aqui, acolá, não se organiza e não planeja nenhuma ação que possa fazê-lo desenvolver-se por conta própria, como aconteceu com a sua família. O pobre tem responsabilidade por sua pobreza: ele é, de alguma maneira, a causa e a solução para o estado de pobreza em que se encontra, é ele quem, tendo nascido pobre, deve procurar melhorar de vida.

Entretanto, essa idéia do *self-made man* é, de alguma maneira, contestada quando o menino responde à pergunta da ENTR sobre se é possível ao indivíduo pobre que estuda um pouco quando criança, e que trabalha, também ficar rico. O menino responde expressando sua dúvida: "É, pode ser." A experiência concreta do menino, de sua vida em seu grupo familiar e de amizade não lhe permite reforçar uma representação de ascensão socioeconômica como a que ele acabara de expor, esta vinda nitidamente das interações verbais vividas, inclusive com agentes de socialização com quem mantém contato, do discurso que percorre as várias camadas populacionais de uma sociedade, que procura imputar ao indivíduo a responsabilidade por sua pobreza, por seu estado de carência, por sua miséria. A constatação disso vê-se mais adiante quando se refere ao exemplo de experiência pessoal que lhe foi contado pela diretora da instituição, pessoa pobre que teria conseguido alguma ascensão na vida à custa de muita luta, conforme as palavras do garoto.

Essa incerteza sobre as possibilidades de alguém pobre como ele tornar-se rico nem se coloca para outros meninos: os ricos permanecem ricos porque têm meios para fazê-lo, tal como a escolaridade e a possibilidade fácil do trabalho; aos pobres, essa possibilidade é vetada e só lhes cabe continuar fazendo o que seus ancestrais fazem para sobreviver. Observem-se as palavras da menina:

– ... muita gente rica, mas tem um mundão maior de gente pobre. Por que que você acha que o mundo é assim, C., na sua cabeça?
– Xô vê [= deixe eu ver], na minha cabeça, por que que eu acho que o mundo é assim?
– Sim.
– Umas parte... ah, antes ser logo um, todos pobres ou então todos rico porque os ricos não quer ajudar os pobre, os

pobre não tem ninguém pra se ajudar mesmo, só que os pobre tem que ajudar os pobre in uma parte assim: chega em casa: "Vizinha, você tem isso, você pode me arranjar, Vizinha, você tem isso, você pode me emprestar?" A gente pode emprestar né, tem o vizinho, pode emprestar, usou, devolveu. Se é um açúcar: "Vizinha, você tem isso?" Agora, tem muitos rico que colabora, ajudar, tenta. Mas outros não colabora. A gente pode fazer o quê? Nada, né? E tem uns que tem os coração bons pá ajudar a gente, e outros... nada: "Que nada, ele tá assim porque ele quer, trabalhe, como a gente trabalhou." Não, aquele já nasceu com... com o instinto de rico mesmo, né, porque premero a família já é rica, se então ele nasceu uma criança rica vai se... [é lógico que ela não vai] se trabalhar, pá comprar o que quer, não, só vai estudar, estudar, estudar até se formar pá fazer o que eles quere(m); aí a gente não, a gente como é pobre, a gente nasceu, já está arrumando casa, a mãe trabalha em casa de família, depois a gente vai, estudou aquele pouquinho, pelo meno, vai pá casa de família também. Então é por isso que a gente não tem nada. Se a gente fosse igualmente eles, que só ficasse estudando, estudando, estudando, a gente poderia ficar quase igualmente eles, na minha cabeça, eu acho assim.
[...]

(C.)

Os comentários dessa menina revelam um outro entendimento da divisão entre ricos e pobres. Ao final da sua fala, vê-se que aos pobres não resta alternativa senão continuar na mesma situação, porque não há oportunidades para que eles possam alçar vôos mais altos. Sua narração de vida refaz o difícil trajeto da sobrevivência: o pobre, por nascer pobre, já pequeno deve desenvolver algum tipo de trabalho em vez de se preparar, se escolarizar para mais tarde realizar uma profissão que lhe dê boa condição de vida: "– [...] a gente nasceu, a gente já está arrumando casa, a mãe trabalha em casa de família, depois a gente vai, estudou aquele pouquinho, vai pra casa de família também". E ela prossegue mostrando que se não tivesse a preocupação da sobrevivência, da necessidade de conseguir o alimento de todo dia, e que, caso se pusesse a estudar, como fazem os ricos, teria a possibilidade de ascender socialmente, não lhe faltando capacidade para tanto. Isto é, aos menos aquinhoados não é possível senão sobreviver, para tanto realizar tarefas menos meritórias, menos valorizadas. E assim se institui e se mantém a mesma ordem das coisas. O trabalho não lhe vai tornar as coisas mais fáceis, porque esse trabalho é o menos valorizado, o menos rentável: trabalhar nas casas de família como doméstica, como sua mãe, senão sobreviver, para tanto realizando tarefas... Interessante observar o que a menina diz a respeito da escolarização que o pobre pode ter: "... depois vai, estudou aquele pouquinho, pelo meno, vai pra casa de família também". E aí se encerra o ciclo de preparação para o futuro da criança pobre. Sem ter o objetivo de tecer crítica ao sistema escolar, a menina atinge o cerne da questão quando mostra a fragilidade e a falsa aparência de eficácia no que diz respeito ao atendimento escolar às classes pobres.

As perguntas da ENTR, sem dúvida, contêm um objetivo não explícito de levantar, entre esses meninos, argumentos que demonstrem uma visão das causas sociais, econômicas e políticas que geram uma sociedade tão estratificada e desigual como a que se tem. As respostas de alguns, embora poucas, apontam, de imediato, o governo como responsável. A maioria credita a existência de pessoas pobres ao destino, à fatalidade; outros respondem a isso invertendo a ordem das coisas, dando o efeito como causa da pobreza; há algumas respostas que mostram as influências dos ensinamentos religiosos, atribuindo a causas divinas os problemas e as dificuldades de uma parte da sociedade; e há respostas singulares, como a que diz que "todos somos ricos, só que uns têm dinheiro e outros não" e como a que diz ser necessária essa parte pobre da população porque são os pobres os que trabalham, os que realizam atividades básicas essenciais como lavar chão, etc., coisas que os ricos não fazem:

— Você sabe que na sociedade tem gente rica, rica. Tem outros que não são tão ricos e tem muitos outros pobres, né? Por que é que você acha que tem assim tanta... gente muito rica e gente pobre, gente muito pobre? Por que é que você acha que as coisas são assim, A. S. S.? Quem é que fez assim?
— Quem é que fez gente rica e gente pobre?
— Gente rica, gente pobre...
— A natureza que já vai ser assim.
— Ah, a natureza que... já vai o quê?
— Já é pra ser assim.
— A natureza... então a natureza...
— ... gente rica e gente pobre.
— Como assim que é a natureza?
— Assim... não tem gente que nasce rico? De família rica? Tem gente também que nasce de família pobre.
[...]

(A.S.S.)

— Aqui na sociedade, por exemplo, nessa cidade que você mora. Você não já percebeu isso? Então você imagina, você pensa por que é que existe essa divisão assim entre gente tão rica e gente tão pobre assim?
— [silêncio]
— Por que será, L., que tem tanta gente rica e um bando de gente tão pobre assim?
— Tá certo, tem que ter gente rica e pobre senão... que tivesse todo mundo rico, tivesse todo mundo rico, ninguém não ia trabalhar mais!
— É?
— Que fosse todo mundo rico, ninguém ia trabalhar mais. Que fosse todo mundo pobre, todo mundo ia morrer. É por isso que tem um tanto pobre, um tanto rico.
— Sim, tô entendendo. Mas, então, é... o rico não trabalha?
— Nem tanto assim igual o pobre, que o pobre faz um bocado de coisa, conzinha [= cozinha], ele conzinha e faz um bocado de coisa, limpa chão de banheiro, um bocado de coisa. E o pobre não, o pobre só fica lá na maresia, sentado.
— O pobre?
— Os rico, só fica lá na maresia, negócio de escrever nome.

– Escrevendo nome?
– Pá negócio de cheque, de... essas coisas... dinheiro.
[...]

(L.C.S.)

– Tá certo. Então por que é que tem o menino que é barão e o menino que não tem nada? Isso quem... quem foi que fez assim o mundo? Você acha que o mundo foi feito assim por alguém, por Deus? Por que razão? Que é que você acha? Como é que isso é na sua cabeça?
– [longo silêncio] Na história de Deus, Deus fazia de tudo pá que o mal não fizesse o povo dele morrer, nem tá [= estar] sofrendo. Só que Deus morreu pra salvar a vida de um bocado de pessoa, tinha até barão, tinha um bocado de barão nesse tempo ainda também, tinha o barão e tinha os pobre. Então o barão queria acabar com os pobre, né? Porque eles são mais forte do que quem é pobre, não é? Quem é pobre não tem nenhuma segurança, daqui pra ali; o barãozinho chega, paga a um, a um cara pra dar um tiro ni um cara, o cara vai lá faz o serviço, pronto! Tá feito por isso mesmo, não tem polícia pá dar jeito!
– Quer dizer então que Deus não queria assim mas aconteceu de ficar assim? Então isso é por causa do... porque já nasceu assim...
– Não só por causa de Deus, por causa do povo também.
– Ah, explique mais isso aí pra mim. Como é que é por causa do povo também?
– Tem a ver muita coisa com o povo. Se o povo não tivesse xingado nome, andar pelada, um bocado de coisa, não tinha acontecido nada disso. Deus até hoje estava vivo.
[...]

(E.)

– Hum, hum. [pausa] Tem tanta gente rica nesse mundo, mas não são a maior parte. Tem um pequeno grupo de gente muito rica. E tem um grupão enorme de gente pobre, muito pobre. Por que que tem gente rica e gente pobre na sociedade?
– Ah, isso foi a parte pior pra mim [...]
– Você acha que alguém... tem alguém que é responsável por isso?

– Se tem alguém responsável por isso? Claro que tem! O governo!
– É, né, tia? Mas explique como que o governo tem culpa nisso.
– Oxe, porque tem uns que faz umas parte ni outro lugar e não se lembra de outras.
– E esse outro lugar, onde é?
– Sei lá, lá po lado do Rio de Janeiro, esse lugar aí.
– Ah, Rio de Janeiro e tal. E aqui na Bahia não faz?
– Tem gente que faz, várias pessoas que faz, mas não [...].
– Quer dizer que... diga [interrompi a fala da garota].
– Cada um faz o que pode.
– Então eles estão fazendo ou não estão fazendo? O governo?
– Ah, sei não.
– Você sabe, sim, você já me disse. Mas você acha que o governo tem parte disso, né? Mas é só o governo?
– Não.
– E o que é mais? Quem que é mais responsável por uma pessoa ser rica, outra ser pobre? Você tem assim... você acha, por exemplo, que a própria pessoa pode ser?
– [Eu não acho]
– Não? Será que tem alguma coisa a ver com Deus?
– [Acho que tem.]
– Deus? Como assim?
– Ah, acaba logo. [...]

(G.)

Esses extratos mostram diferentes causas da pobreza, revelando a riqueza de representações que os meninos têm das relações instituídas numa sociedade, da organização e da distribuição dessas pessoas nas várias camadas sociais com diferentes poderes. Elas vêm de diversas vozes correntes e dos vários saberes que circulam nas sociedades para explicar a desigualdade social. Mostram sem dúvida a presença forte de um ideário dominante que faz do pobre o responsável por seu destino, sem possibilidade de escapar de sua sina a não ser pelo trabalho duro, como foi visto nos primeiros extratos transcritos; mas há também os que mostram que essa possibilidade não existe para o pobre, que isso lhe é vetado; atribuem à sina (à natureza) o fato de nascer pobre ou dão uma explicação de cunho religioso, pela falta de fé e de obediência aos preceitos de Deus; julgam o governo como o responsável por esse estado de pobreza, já que não realiza as ações que lhe cabem e não dá a atenção devida ao problema; e ainda apresentam a idéia de que rico não trabalha mas paga aos pobres, sendo estes os que verdadeiramente "pegam no batente". E que o trabalho dos pobres é que faz movimentar a sociedade. Como explicar a diversidade que se observa nos dados coletados?

As respostas dos meninos de rua não são tão diferentes de nenhum outro quadro que se estabeleça sobre representações de grupos sociais diversos em torno do assunto, observadas as condições de pouca ou baixa escolaridade e de pouco contato com as fontes de conhecimento sobre questões socioeconômicas e políticas das sociedades. Na sociedade, mesmo entre pessoas dadas como cultas, mas que permanecem no senso comum no que concerne a esses temas, é possível encontrar idéia semelhante de que o indivíduo de classes sociais menos favorecidas tem a possibilidade de ascender socialmente, bastando dedicar-se com afinco ao trabalho e aproveitar as oportunidades. Os ensinamentos religiosos também ajudam a consolidar a representação de coexistência natural de pobreza com riqueza, um estado de coisas que existe e sempre existiu, e de que cabe a cada um dos indivíduos lutar para mudar sua condição individual. Por outro lado, a atribuição de responsabilidade ao governo, pela existência da pobreza, aponta para uma direção menos natural na explicação desses fatos; já revela uma sintonia com outras formações discursivas que discutem a questão da desigualdade social como um problema da estrutura social. Essa representação se contrapõe à corrente de pensamento que atribui ao indivíduo, isoladamente, a responsabilidade e a solução para seu problema de pobreza. Quer dizer, se há a compreensão dessa situação como algo que é natural, algo que "já foi pra ser assim", no dizer de um dos garotos, há, em contrapartida, uma reação a esse entendimento, responsabilizando efetivamente o governo pela desigualdade.

Não se pode esquecer, também, as observações feitas por alguns meninos, quando falam da contraposição entre sociedade e meninos de rua, sobre o comportamento omisso e descomprometido das pessoas, em relação aos que vivem nas ruas, aos marginalizados, como um fator para a existência desse estado de coisas e para sua manutenção.

As representações em torno do tema da desigualdade social demonstram, como as outras, o grande mosaico em que se movem as pessoas para entender e lidar com as questões que lhes são apresentadas cotidianamente. Mostram sobretudo que determinadas questões, mais do que outras, se apresentam como um espectro de variadas cores. Várias são as interpretações dadas por esses meninos à questão da desigualdade social na sociedade. A falta de unicidade ou, pelo menos, de um ajustamento maior entre essas várias representações, pode produzir um efeito não natural de forma de controle da sociedade, por tornar desconhecidas, ignoradas, as verdadeiras causas da existência de pobreza em contraposição a riqueza.

Observe-se por outro lado que, quando indagados sobre a justeza dessa distribuição de riqueza entre as pessoas, as respostas dos garotos apontam para a necessidade de se resolver esse estado de coisas através de maiores ações da sociedade, do governo especificamente, com atenção para a classe menos favorecida:

    – Você não sabe dizer? Venha cá, A., você acha que isso deve ficar assim?
    – [gesto]
    – Não? Então o que é que deve acontecer?
    – O que deve acontecer? É...
    – Deve continuar tudo assim? Uns com tanto dinheiro e outros com...
    – [gesto]
    – Não!
    – Não, tem que mudar.

– Tem que mudar? Como é que faz pra mudar?
– Como é que faz?! Como é que fez?!
[...]
– Se você pudesse fazer assim: "Agora eu posso fazer alguma coisa. O que é que vou fazer pra mudar isso aí?"
– Abaixar o preço das coisa.
– Hum, hum. Que mais, A.? Abaixar o preço das coisas. Que mais?
– [silêncio]
– O que mais? Uma boa idéia. O que mais?
– É...
– O que é que menino, pessoas como você, precisam ter na vida?
– Escolamento.
– Escolamento! Que mais?
– Que mais de escolamento? Um bocado de coisa.
– Um bocado de coisas. [...]

(A.S.S.)

– Mas você acha justo que tenha tanta gente que trabalha tanto e outros que não trabalham nada?
– Acho...
– Acha que é justo, isso?
– Não.
– Não é justo, né? E aí? Mas mesmo assim isso acontece.
– É.
[...]
– É, né? Agora você acha que tem alguém ou alguma coisa que é, que é culpado dessa sociedade, com algumas pessoas muito ricas e um bando de gente muito pobre, você acha que alguma coisa é culpada disso?
– Não.
– Não? Quem que é culpado?
– Aí eu não sei não.
– Você acha que ninguém tem culpa disso?
– Aí eu não entendo, aí eu não entendo.
– Será que é por que Deus quis assim?
– Aí eu não sei, aí eu não sei.
– Não sabe, né, tio? É... você acha – se você fosse, por exemplo, uma pessoa que pudesse fazer alguma coisa – que

tem um jeito de melhorar a vida dos meninos de rua, dos pais dos meninos de rua, as pessoas pobres? Tem uma forma de melhorar a vida deles? A vida de vocês?
–Tem.
–Tem? E aí, conte como seria na sua cabeça, como é que seria isso?
[...]
– E o governo? O que é que faz o governo?
– O governo? O governo pra mim não faz nada.
– É?
– É por isso que eu não sei.
– É por isso que você o quê?
– Não sei.
– Você não sabe? Mas você disse que ele não faz nada... Por que é que você diz que ele não faz nada? [...]
– Ele nunca fez nada pra mim.
– E pra seus pais?
– Também não.
– E pra esse povo todo pobre?
– Acho que não.
– E ele faz pra alguma coisa?
– Aí eu não sei.
– Pra alguém?
– Eu não vi, eu nunca vi eles fazendo nada.
– Nada, né?
– Eles só faz ganhar dinheiro dos pobres mesmo.
[...]

(L.C.S.)

As incertezas do menino resultam da ignorância de como se dão as relações em uma sociedade, dos papéis a atribuir a quais pessoas ou organismos no funcionamento da sociedade e na distribuição de seus bens. A instituição governamental é reconhecida como o centro de onde podem partir ações de solução de problemas dessa natureza, mas a experiência concreta de vida não contempla, não testemunha nenhuma ação que comprove atitudes do governo na tentativa de resolver essa situação.

O que os meninos dizem sobre a escola, a leitura, a escrita

As perguntas giram em torno da importância da escola; em torno da leitura e da escrita, se são atividades importantes e por quê.

Todos os entrevistados dizem que a escola é importante, gostam da escola, querem estudar, voltar a estudar ou continuar estudando. Há alguns que, espontaneamente, colocam a escola como seu ideal maior, o sonho mesmo de sua vida:

– Você já imaginou... já pensou assim porque é que tem...
– A única que eu penso, a coisa da minha vida é ir pá escola.
– É?
– A única coisa que eu penso é essa.
– Você gosta da escola?
– Na minha vida é essa.
– É mesmo, é? Você queria voltar pra escola?
– [gesto]
[...]

(R.E.)

O sentimento de atração pela escola, revelado por essa menina, é tão forte que ela interrompe as palavras da ENTR, que estava falando de outro assunto (desigualdade social), e expressa qual o seu principal objetivo na vida: freqüentar a escola. A palavra "pensou" funcionou como um gancho no qual a menina se ancorou para dizer com que ocupa sua mente: a escola. Essa idéia de "escola" assim tão idealizada, de certa forma, se apresenta em todas as entrevistas, embora em nenhuma delas com a força expressiva que apresenta nessa.

Dos garotos entrevistados, apenas três sabem ler e escrever um pouco, e estiveram mais tempo na escola do que os demais; mas não tiveram um estudo regular. Todos os demais dizem saber ler "soletrando", e alguns escrevem só alguns nomes, inclusive os seus. Muitos nunca tiveram, antes da vida nas ruas, nenhum ensino formal e estão agora freqüentando, pela primeira vez, a escola do Projeto Axé.

A idéia maior, mais recorrente, sem dúvida, sobre a importância da escola, repousa nas possibilidades que ela dará ao indivíduo, no futuro:

– Quer dizer que a escola, então, é uma coisa boa?
– É, o mais futuro da vida é a escola.
[...]

(R.E.)

– Ex-men? Não conheço não. Agora me diga: a escola pra você serve pra quê?
– Ah, pra aprender a ler, escrever. Amanhã ou depois ter algum futuro.
– Amanhã ou depois ter algum futuro! Quer dizer que pra ter algum futuro precisa ler e escrever, né?
– Claro, se você não saber ler e escrever você não arruma... [você] não vai nunca arrumar um emprego decente.

(F.R.)

– Você acha que a escola é importante?
– Acho.
– Por que, L.?
– Porque a gente aprende, já aprende ler, escrever, fazer o nome, um bocado de coisa.
– E por que que é importante aprender a ler e escrever?
– Senão a gente não encontra um emprego melhor.
[...]

(L.C.S.)

– E a escola é importante pras pessoas?
– É.
– Por quê, M.?
– Porque a escola muda, também. A escola...
– Muda?
– [?] Não muda a vida mas [acho] que a pessoa aprende alguma coisa. Se a pessoa não estudar... no país que nós estamos, se a pessoa não estudar bem hoje, quando crescer não vai ter um emprego bom.

– Hum, sei. Então a escola é importante, é isso que você quer dizer?
– Tem gente que não estudou muito, é revoltada porque não tem um emprego bom, não sabe... tem aquele emprego porque não aprendeu muito ler, aí fica com aquele emprego de um salário mesmo, porque não estudou muito. Tô certo?
– Tá certo.
– Então? É por causo disso.
– Então você acha que as pessoas deveriam ir à escola, todo mundo?
– É, só que... era pr'eu ter ido cedo, mas não foi, mas deixa lá... tá em tempo, né?

(M.M.)

– E você acha que a escola pode ajudar os meninos, os jovens a se desenvolverem na vida?
– Pode.
– Como?
– Conseguindo, lutando, a escola ajudando.
– Conseguindo? Tentando o quê? Fazer o quê?
– A ter uma vida mais melhor.
– E a escola ajudando?
– [...]
– Então quem vai pra escola pode ter uma vida melhor?
– Pode.
[...]

(P.S.)

– Você acha que a escola é importante pra pessoa?
– É, pra mim eu acho que é, a gente... pelo meno sabendo ler, escrever... a gente pelo menos ranja [= arranja] trabalho melhor, né, do que... sei lá... eu, ói, na minha cabeça eu acho escola, eu acho importante, escola.

(C.)

– [...] A escola é boa pras pessoas? Por que a escola é boa prás pessoas?
– Porque leva a pessoa a ter o futuro dela e aprender... Ter sabedoria, saber um bocado de coisa, ler quando tiver precisando ler alguma coisa, escrever...

(E.)

Além de possibilitar a conquista de um emprego melhor no futuro, a escola, ensinando a leitura e a escrita, facilita a vida do indivíduo em suas ações diárias, cotidianas, por exemplo, ao pegar ônibus; escrever uma carta, escrever e ler o que seja de seu interesse, de sua necessidade. Mas também dá sabedoria, conhecimento e a possibilidade de saber o que ocorre na cidade, com os seus semelhantes, através da leitura dos jornais:

– É? E você gosta de ler assim, o quê? Que tipo de coisa você gosta de ler?
– Ler algum... ler um jornal, ler uma revista.
– E no jornal, qual é a parte que você mais gosta?
– O quê?
– O jornal tem várias partes, não é?
– Tem, mas tem muita parte que... vê... muita miséria nesse mundo...
– Você gosta de ler aquelas coisas?
– Eu não, eu fico... eu leio mas só que eu fico assim olhando, falando: "porra, ói praí!"
– Qual é a parte que você mais gosta?
– Eu gosto mais da parte do jogo assim, do Vitória...
[...]

(E.S.)

– Imagine que você tá lendo um livro, tá? Você tá lendo o livro concentrado. E aí... o que é que você tá achando legal nesse livro?
– [...] achando legal nesse livro?
– Hã?
– O que eu acho legal pá ler?
– É.
– Vai ver se for um livro de história, eu achei interessante a história, se for um livro de... alguma coisa de.... se for um jornal, vou poder ficar informado das informação assim.
– Da informação. Que informação você se lembra de ter lido no jornal?
– De o que tá acontecendo peras ruas.
– Então ler é bom por causa disso?
– Só por causa disso, não.

(A.S.S.)

– Você acha importante – você não sabe ler ainda, só soletrando alguma coisa – você acha importante saber ler?
– Acho.
– Por quê?
– Porque se a gente não estudar, não saber ler, a gente pode dar pá... eu posso dar pá ladrana [= ladra], alguma coisa dessas coisa. Porque eu sabendo ler eu tenho mais futuro na minha vida, posso ser uma professora, posso ser um... uma médica, posso ser quarquer coisa na vida.
– E sem ler? Se você não souber...
– Posso me formar, trabaiar...
[...]

(R.E.)

– E pra que que a gente precisa aprender a ler?
– Pra quando sair na rua não ficar... não ter que ficar perguntando os outros. O que não sabe, que não tiver sabendo ainda, pega ônibus errado, pode ir pra outro lugar.
– Então a leitura serve pra isso. E serve pra mais alguma coisa? Pra vida da gente, assim, pras outras coisas?
– [silêncio]
– Aprender a ler ajuda a pessoa a se desenvolver mais na vida, ou não?
– Ajuda.
– É? Me explique aí como é isso?
– Quando ele aprende a ler, ele sais [= sai] pros lugares, tá feliz.
[...]

(P.S.)

– Que é que você gosta de ler?
– Ah, eu gosto de ler assim... a minha matéria preferida é Português e Ciências. E os livros que eu gosto de ler é história sobre é... romance, é... agora mesmo aqui, da atividade... sobre relações sexuais, sobre a aids, pra gente, tudo isso.
– Você gosta de ler essas coisas?
– Eu adoro.
– Pra saber, não é?
– É. Aí mesmo eu não sabia nem... só sabia que pegava aids tendo relações sexuais mas não sabia como pegava em outros tipos... im outros tipos, agora já sei tudo [...].

– [...] [pausa] Então, quer dizer que ler, pra você, é uma coisa... o que é que é ler, pra você? O que que significa ler, pra você?
– Ah, pra mim é uma coisa muito importante, sei lá. Eu achando... eu acho... pela minha parte, se eu não soubesse [...] ler, pra mim não era nada. Por exemplo, eu saio, preciso, eu preciso pegar um ônibus. Se eu não suber [= souber] ler, vou ter que perguntar aos outro, não é? Como eu sei ler, oxén, eu olhei, sei [que] meu ônibo é aquele então eu pego. Agora, ficar incomodando os outro: "Ei, qual o nome daquele ônibo?" [...] vai dizer o quê? "Oxén, aquela menina daquele tamanho não sabe ler! Por quê? Ela não quer ler... ela não quer aprender ler porque não quer." Mas também não é só assim, não é? Porque tem uns que não têm assim... sei lá...
[...]
– Você escreve o quê? Você gosta de escrever coisinhas suas? Diário?
– É.
– Gosta, né?
– Eu não tenho ainda, né, um diário, porque não tive dinheiro pá comprar, mas com o dinheiro do Axé eu vou comprar...mas vou comprar, tô precisando de muitas coisas.
[...]

(C.)

– Você... pra ler jornal, você gosta de ler jornal?
– Não.
– Por quê?
– Só gosto de ler quando tem menino de rua, [pra ver o que foi que aconteceu]...
– Sim, aí você se interessa?
– Sobre alguém que eu conheça, ou então alguém do meu... lugar que eu conheça, aí eu gosto de ler, agora [não ser assim...]
[...]

(C.)

– Que a pessoa não sabe assoletrar nada, vê uma letra, pessoa, fica ali admirando aquele ônibus ali ó, doido pra adivinhar mas não sabe que ônibus é, tá pegando mas não sabe pra onde vai, e o lugar que quer ir.

– Quer dizer que não sabendo ler...
– ... não vai a lugar algum.
[...]

– Então você está escrevendo, você sabe escrever então, né?
– Sei escrever alguma coisa, assoletrando...
– Devagarinho, né?
– Que nem com... tem um aniversário que tem de dar alguma coisa eu fico assoletrando as letra pá falar o que é que eu tou mandando de presente e quem mandou.
– Sei, entendi.
– E quem foi a pessoa.
– É, você é um menino esforçado, eu acho isso legal.
– E no final botar Projeto Axé.
[...]

(E.)

A escola, para esses meninos, assume uma forma idealizada, permite a ascensão social, representando a única via que eles têm, teoricamente, para melhorar de vida.

Todos eles dizem gostar de ler e escrever, alguns com preferência maior pela leitura, outros gostando de fazer as duas coisas. Reconhecem no jornal o veículo de maior vínculo com a realidade, inclusive com a sua realidade, o que os leva a lê-lo; mas também apreciam a leitura dos quadrinhos, histórias infanto-juvenis e até livros que lhes transmitam ensinamentos necessários, como cuidados com a aids. A idéia de que muito do conhecimento do homem está na escrita é conhecida por esses meninos, e eles, mesmo não tendo tido estímulo em suas vidas, sentem curiosidade por penetrar no mundo da escrita. Ainda que, em termos imediatos, a leitura e a escrita não lhes sirvam para muito, eles entendem que, no mundo da escrita, há muita coisa importante e que tem função na vida de uma pessoa. Sabem, também, o valor que essas aquisições têm para as pessoas no mundo em que vivem, sabem o que as pessoas pensam a respeito daqueles que não sabem ler e escrever: um ignorante, um ser que não merece atenção, cujo desconhecimento da leitura é de sua própria responsabilidade ou de seus pais. Dentre esses meninos, poucos têm ou tiveram contato com a escola regular. Quase todos têm agora o contato com a escola do Axé, que procura adaptar o ensino à realidade do menino de rua, a seus hábitos e costumes quanto a disciplina, regras, etc. Um deles, entretanto, já conhece a escola convencional, e a descrição que dá não é das melhores, mostra-se até como um obstáculo ao menino que quer retornar. É uma escola cuja professora bate, maltrata, cuja diretora é autoritária a ponto de os próprios pais dos meninos não se sentirem à vontade e até a temerem:

> – Só é prestar atenção, oxe, pra eu aprender ler eu apanhei pra porra. Professora, lá na escora [= escola], era muito malvada ela. Teve um dia que a menina tava lendo, né, a menina errou, não tava prestando atenção, ela deixava a palmatória dela em cima da mesa, aí quem errasse era bolo, botava de castigo em cima do feijão, de junto do quadro. Aí a mãe da menina chegou viu a menina apanhando, aí ela falou: "Oxe, aqui é escola ou é espancamento?" Aí ela pegou: "Levante daí minha filha, vombora pra casa." Pegou, levou a menina pá casa, tirou a menina da escola no mesmo dia. Minha mãe não, minha mãe falando: "Oi, ele errar, pode bater". Professora: pau.
> – Você apanhou da sua professora?
> – Sim, eu apanhava pá ler, aprender, porque... mas era rápido, a professora... depois eu me levantei eu falei: "É, agora eu vou prestar atenção."
> [...]
>
> (E.S.)

O menino sofre a atitude da professora e teme a diretora, mas ainda assim quer retornar à escola. O fragmento, além disso, mostra também a posição de alguns pais quando dão aos professores a liberdade de espancarem o filho, em nome de uma educação que eles acreditam necessária.

A representação que esses meninos têm de escola, como a das pessoas em geral, se apóia no discurso oficial, corrente, de que é a instituição escolar que permite ascender socialmente; ela lhe dá os instrumentos, prepara-o para enfrentar o "futuro", definido como um emprego decente, que possa fazê-lo ter uma vida melhor. O uso recorrente da palavra "futuro" nas falas dos meninos, muito presente em expressões cristalizadas, constituindo até mesmo um lugar-comum – "o seu futuro", "o futuro dos nossos filhos", "para que, no futuro ..." –, indicia que esse é um discurso incorporado pelos meninos em suas interações, sobretudo com os agentes de socialização da instituição que os acolhe: educadores, psicólogos, assistentes sociais, funcionários. Esse é um discurso de grande aceitação. Até mesmo o espancamento das crianças nas escolas, como forma de disciplina, não é tão questionado, embora já haja voz que se imponha contra isso.

– Você acha certo que a escola bata no menino pra aprender a ler?
– Bater não! Tem que... Eu conheço muita ... eu vejo no... muita professora nesse mundo que ganha R$ 0,95, R$ 1,00 por mês.
– Você acha que tá certo a professora bater no aluno pra ele aprender a ler?
– Não.
– Será que é assim que a gente aprende a ler?
– Não, e ela me dava beliscão; a vez [= uma vez] um [...], me deu um bolo.
– Por que que não tá certo?
– Teve um dia... O quê?
– Por que que não tá certo? Você acha que tá certo? Não tá certo isso.
– Porque professora... Venha cá, ela é professora, quando ela nasceu ela nasceu aprendendo? Não nasceu. E ela aprendeu apanhando? Não aprendeu apanhando.
– Exatamente. Quer dizer que você não precisa bater pra aprender, não é? [...]

(E.S.)

Na conversa, diante das perguntas, o menino transmite a imagem de uma escola cuja professora é autoritária e bate nos alunos, o que lhe parece, a princípio, um comportamento normal – até mesmo autorizado pela mãe. Essa posição, entretanto, não se sustenta em todo o diálogo, e ele acaba por argumentar que a professora não tem o direito de bater em ninguém para ensinar a ler, do mesmo modo que, ele supõe, ela não aprendeu apanhando. Observe-se que a ENTR insiste na pergunta sobre estar certo ou não a professora bater no aluno para que ele aprenda a ler, e até opina sobre isso. O garoto não lhe dá respostas imediatas, exemplifica outros castigos dados pela professora mas, afinal, critica a sua atitude, numa caminhada discursiva ao longo da qual ele recompõe sua idéia de escola e do papel do professor.

A despeito dessa escola que usa da violência, com diretores autoritários e professores mal preparados que se servem do espancamento para manter a ordem e disciplina na sala de aula, a instituição escolar é, mesmo assim, aceita por pais (ainda que não por todos, o que significa que a idéia de uma escola repressora está sendo superada mesmo entre as classes menos privilegiadas) e por seus filhos. O discurso de que a escola é, provavelmente, a única forma de dar à criança o instrumental de que precisa para tocar uma vida com mais comodidade do que a de seus pais, através da conquista de bom emprego, de que a escola "dá sabedoria, dá inteligência, dá educação, torna o menino um homem bom" está bastante presente entre os entrevistados.

Segundo as falas desses meninos, a escola dá formação, sabedoria, etc. Entretanto, ainda que creditem a ela o papel de instrumento da ascensão social, esses garotos sabem que para eles essa possibilidade não é tão assegurada, e que o acesso a um trabalho rentável é incerto, não garantido.

    – E a escola não era legal, então? Você não gostava da escola, então?
    – A professora tudo gostava de mim.
    – Então por que você não ficava na escola?
    – Mas, quando minha avó morreu, é quem que ia pagar o colégio? Aí não teve mais colégio pra mim, aí eu fiquei começando a ir pra rua, dormir na rua. [...]

(J.F.)

– A sua mãe tem uma casa, não tem? Por que que você não tá morando com ela e de manhã vai pra escola?
– Então, eu vou morar, mas só que é cinco real pra estudar, tia.
[...]

(R.E.)

Entre a (pouca) experiência com a escola, de fato, e a idealização que dela fazem, os meninos caminham em suas representações sociais da instituição escolar, priorizando-a, elegendo-a como a mais importante para eles, a que poderia lhes dar um lugar ao sol. Julgam que chegar até a escola será o momento da libertação, a maneira de escapar da dureza de suas vidas.

Nas considerações tecidas por esses meninos em torno da escola, percebe-se que o emprego e o trabalho, que possibilitarão o dinheiro para suas necessidades básicas, são elementos que a justificam. Ainda que a escola seja representada como oferecendo "sabedoria, educação melhor, inteligência" – nesse momento, para eles, talvez "artigos de luxo" –, ela, na verdade, representa o instrumental necessário para chegar a conseguir um emprego melhor. É o trabalho, a necessidade do emprego para subsistência que emergem com força total. Tudo gira em torno do dinheiro que eles precisam para tocar a vida para a frente, para obter as coisas básicas da existência: o alimento, a roupa, a moradia, a segurança, o pouco lazer de que podem gozar, se tiverem o emprego garantido. A escola é o modo de chegar a conseguir esse tão necessitado e desejado emprego. A idealização da escola se constrói no rastro desse desejo ditado pela necessidade, pela realidade de carência e de abandono em que se encontram. A escola é o possível, é o mais concreto trampolim para esse emprego que pode lhes permitir a sobrevivência.

Capítulo 4 **Considerações finais**

Os dados examinados, como ficou claro, são extremamente ricos em significação, têm muito a dizer. Entretanto, com o quadro aqui proposto, pretende-se que a análise em torno dos cinco temas levantados tenha lançado luzes sobre a questão das representações sociais e de suas construções, e de como elas funcionam na complexa rede de significações que a linguagem opera. Espera-se também que este estudo se junte a outros trabalhos similares que dizem que as falas das pessoas são heterogêneas constitutivamente, são fenômenos em que se entrecruzam e se adaptam essas diferentes vozes nas vozes dos falantes/usuários/interlocutores que se dispõem a trocar experiências, conhecimentos, afetividades.

As falas registradas – as conversas com os meninos –, além de terem sido objeto de análise através da qual se buscou a presença das marcas que permitem falar das representações sociais e do entrecruzamento de vozes, se apresentaram, ao mesmo tempo, como um enigma, como se tivessem uma marca secreta ou uma vivência cuja "alma" não se mostra facilmente: são os silêncios, as evasivas, os "não sei" tão freqüentes. Daí as perguntas andarilhas por todo o corpo do trabalho: que silêncio é esse que marca tanto as falas dos meninos e meninas de rua? De onde ele vem e por quê? Por que tantas recusas? Também andarilhas foram as propostas de entendimento e de compreensão desses silêncios nas respostas dos meninos e meninas às questões da ENTR: por todo o texto buscou-se mostrar que a situação inusitada de interlocução entre os parceiros do diálogo – pesquisadora e menino/menina de rua –, dentro de uma instituição social do governo, sendo ele/ela alvo da ação beneficente naquele momento, seria fator de condicionamento, em alguma medida, das respostas dos entrevistados. Assim, não apenas a assimetria do diálogo, com desequilíbrio nas situações e condições entre os dois parceiros/interlocutores, como a própria situação física ou o contexto extralingüístico e os conteúdos semânticos tematizados nas questões certamente orientaram os rumos das conversas estabelecidas entre esses parceiros, e também favoreceram a emergência do silêncio, a despeito do empenho da ENTR. Fala-se em respostas andarilhas porque todo o texto é percorrido pelas referências a possíveis conversas dos meninos de rua com seus parentes, vizinhança, amigos, e pelos diferentes feitios e contornos que teriam essas interações lingüísticas no trato das mesmas questões.

Todos esses fatores devem ser levados em consideração não só na explicação do silêncio dos meninos como também nas próprias respostas que dão: não é demais lembrar, por exemplo, que, ao estar dentro da instituição oficial, ao menino "cabe" muito mais expressar-se segundo os moldes institucionais do que sejam, por exemplo, "família", "polícia", desta forma mostrando-se coerente com o que lhe é "ensinado" nessas instituições pelos agentes de socialização, do que se expor levantando uma significação desses temas que o comprometesse.

Por outro lado, o silêncio tão presente e incômodo nos dados marca profundamente o lugar enunciativo do menino de rua, marginalizado, excluído da "sociedade": a posição de quem não tem nada a dizer, de quem tem zero a acrescentar a uma sociedade que o considera um não-sujeito, ou pelo menos, aquele que naquele momento ainda nada tem a oferecer. O processo de ressocialização que esses meninos e meninas estão vivendo também lhes mostra as distâncias entre os sujeitos sociais. Aprender é também aprender que não sabe, é aprender a recusar o que aprendeu nas ruas. Ainda não sabe o "bocado de palavras" do novo discurso, mas já aprendeu a silenciar o que sabe. Na interação verbal com um parceiro muito mais velho, de maior escolaridade, de maior prestígio social e econômico, dentro de uma casa de assistência que freqüenta, a conversa tem o ritmo que têm normalmente as conversas entre quaisquer outras pessoas nas mesmas condições (ou parecidas), revelando porque a linguagem não é apenas um sistema de comunicação ou um instrumento de expressão do pensamento, mas um orientador das interações entre os homens, marcador das diferenças e das semelhanças entre condições e/ou funções que cada um exerce na sociedade. São muito importantes as reflexões de Bourdieu sobre a linguagem e de sua recusa

> [à abstração] da autonomização da capacidade de produção propriamente lingüística [...]. A linguagem é uma práxis: ela é feita para ser falada, isto é, utilizada nas estratégias que recebem todas as funções práticas possíveis e não simplesmente as funções de comunicação. Ela é feita para ser falada adequadamente. A competência chomskyana é uma abstração que não inclui a competência que permite usar adequadamente a competência (quando é preciso falar, calar, falar essa linguagem ou aquela etc.). (Bourdieu, 1983, pp. 158-9.)

Esse mesmo viés pelo qual Bourdieu vê a competência lingüística como o uso "adequado" da gramática, ajuda a entender a ausência do texto opinativo solicitado aos meninos de rua sobre "família, sociedade, polícia..." nos dados coletados. Essas opiniões não são, é claro, as mais comuns e mais solicitadas aos segmentos dos excluídos, dos quais fazem parte os meninos de rua. Que interações terão vivido os meninos de rua, alguns crianças ainda, para que lhes seja permitido se apossar de uma prática lingüística de opinar, criando textos de argumentação, sobre esses assuntos? Como falar do domínio dessa gramática a quem não é dada sequer a oportunidade da interação: "O domínio prático da gramática não é nada sem o domínio das condições de utilização adequada das possibilidades infinitas, oferecidas pela gramática" (Bourdieu, 1983, p. 158). A esses falantes são recusadas situações de práticas lingüísticas que permitam a emergência do que se entende por um texto de argumentação ou opinativo.

A questão é a *exclusão*. Retomem-se as palavras de Foucault quando discute os mecanismos de controle de produção do discurso:

> [...] em toda sociedade, a produção discursiva é a um tempo controlada, selecionada, organizada e redistribuída por um certo número de procedimentos que têm por objetivo conjurar-lhe os poderes e os perigos, dominar-lhe os acontecimentos aleatórios, esquivar-lhe o peso, a temível materialidade. (Foucault, 1973, p. 1.)

Certamente há "um acontecimento a ser dominado", há um perigo a ser conjurado, há uma lingua(gem) a ser silenciada, castrada: a linguagem, a opinião dos excluídos, dos marginalizados, dos meninos de rua. Aqui vale lembrar o clichê, o lugar-comum tão repetido: o silêncio dos meninos *fala* mais do que mil palavras. Fala de sua exclusão.

A experiência da conversa com esses meninos, o diálogo mantido, às vezes a duras penas, insistente, até abusivo, em determinados momentos; a repetitiva, cansativa, até exasperante, resposta silenciosa, ou que denotava cansaço ou aborrecimento por parte dos garotos entrevistados, toda essa vivência valeu a pena. Enfim, conseguiu-se o que se queria, a expressão dos garotos; conseguiu-se, por alguns momentos, transformá-los em sujeitos de sua expressão.

Quem sabe, tenha-se conseguido ajudar na formação de crianças e adolescentes, com a certeza de que eles têm a competência para dizer coisas importantes; quem sabe, por alguns instantes, tenha-se tornado possível iluminar neles a subjetividade adormecida e negada.

Referências bibliográficas

ATAÍDE, Yara Dulce Bandeira de. *Joca, um menino de rua*. São Paulo, Edições Loyola, 1996.
———. *Decifra-me ou devoro-te...: história oral de vida dos meninos de rua de Salvador*. São Paulo, Edições Loyola, 1993.
AUTHIER-REVUZ, J. "Hétérogénéité montrée et hétérogénéité constitutive: éléments pour une approche de l'autre dans le discours". *DRLAV- Revue de Linguistique*, 26, pp. 91-151, 1982.
BAKHTIN, Mikhail. "Os gêneros do discurso". In *Estética da criação verbal*. São Paulo, Martins Fontes, 1992, pp. 277-326.
———. "O problema do texto". In *Estética da criação verbal*. São Paulo, Martins Fontes, 1992, pp. 327-58.
———. *El signo ideológico y la filosofia del lenguaje*. Buenos Aires, Ediciones Nueva Visión, 1976.
BENVENISTE, Émile. *Problèmes de linguistique générale* I. Paris, Éditions Galimard, 1966.
BOURDIEU, Pierre. "A economia das trocas lingüísticas". In *Pierre Bourdieu: sociologia*, org. de Renato Ortiz, col. Grandes Cientistas Sociais. São Paulo, Ática, 1983, pp. 156-83.
——— & BOLTANSKY, Luc. "Le fétichisme de la langue". *Actes de la Recherche en Sciences Sociales*, Paris, n.º 4, pp. 2-32, 1975.
CARRAHER, Terezinha *et al. Na vida dez, na escola zero*. São Paulo, Cortez, 1988.
CARVALHO, Maria Avelina. *Tô vivu – histórias dos meninos de rua*. Goiânia, Universidade Federal de Goiás – ABEU, 1991.

CERTEAU, Michel. *Invenção do cotidiano: artes de fazer*. Petrópolis, Vozes, 1996.
ECO, Umberto e SEBEOK, Thomas. *O signo de três*. São Paulo, Perspectiva, 1991.
FORACCHI, Marialice M. *A participação social dos excluídos*. São Paulo, Hucitec, 1982.
FOUCAULT, Michel. *A ordem do discurso*. Trad. de Sírio Possenti. Ijuí, Fidene, 1973.
——. *La arqueología del saber*. México, Siglo Veintiuno, 1976.
FRANCHI, Carlos. "Linguagem – atividade constitutiva". *Almanaque – Cadernos de Literatura e Ensaio*. São Paulo, Brasiliense, n.º 5, pp. 9-27, 1977.
GADET, Françoise e Hak, Tony (orgs.). *Por uma análise automática do discurso: uma introdução à obra de Michel Pêcheux*. Campinas, Editora da Unicamp, 1993.
GERALDI, João Wanderley. *Portos de passagem*. São Paulo, Martins Fontes, 1991.
GINZBURG, Carlo. *O queijo e os vermes: o cotidiano e as idéias de um moleiro perseguido pela Inquisição*. São Paulo, Companhia das Letras, 1987.
——. *Mitos, emblemas, sinais: morfologia e história*. São Paulo, Companhia das Letras, 1991.
GOLDEMBERG, Miriam. *A arte de pesquisar*. Rio de Janeiro, Record, 1997.
GUARESCHI, Pedrinho & JOVCHELOVITCH, Sandra (orgs.). *Textos em representações sociais*. 2.ª ed. Petrópolis, Vozes, 1995.
JODELET, Denise. "La representación social: fenómenos, concepto y teoría". In MOSCOVICI, Serge (org.). *Psicologia social*, vol. 2: Pensamiento y vida social. Barcelona, Paidós, 1993.
LABOV, William. *Le parler ordinaire: la langue dans les ghettos noirs des États-Unis*. Paris, Les Éditions de Minuit, 1978. (Trad. fr. de *Language in the Inner City*.)
LAHUD, Michel. "Linguagem e ideologia". *Cadernos de Estudos Lingüísticos*, Campinas, Unicamp, n.º 2, pp. 45-55, 1981.
LANE, Sílvia T. M. "Linguagem, pensamento e representações sociais". In LANE & Codo (orgs.). *Psicologia social: o homem em movimento*. São Paulo, Brasiliense, 1994, pp. 32-9.
LANG, Alice Beatriz (org.). *Reflexões sobre a pesquisa sociológica*. São Paulo, Centro de Estudos Rurais e Urbanos, 1992.
LARA, Gláucia M. Proença. *A imagem da língua portuguesa no dis-

curso de sujeitos escolarizados e não escolarizados. São Paulo, 1999. Tese de doutorado em Lingüística, Universidade de São Paulo.

LINELL, P. & LUCKMANN, T. "Asymmetries in Dialogue: Some Conceptual Preliminaries". In MARKOVA, Ivana & FOPPA, Klaus (eds.). *Asymmetries in Dialogue*. Harvester Wheatsheaf, Barnes & Noble Books, 1991, pp. 1-20.

LOPES, Geraldo. *O massacre da Candelária*. São Paulo, Editora Página Aberta, 1994.

LÜDKE, Menga e ANDRÉ, Marli. *Pesquisa em educação: abordagens qualitativas*. São Paulo, E.P.U., 1986.

MAINGUENEAU, Dominique. *Novas tendências em análise do discurso*. Campinas, Pontes Editores, 1989.

MARKOVA, Ivana & FOPPA, Klaus (eds.). *Asymmetries in Dialogue*. Harvester Wheatsheaf, Barnes & Noble Books, 1991.

MARTINS, José de Souza. *Massacre dos inocentes, a criança sem infância no Brasil*. São Paulo, Hucitec, 1993.

MINAYO, Maria Cecília. "O conceito de representações sociais dentro da sociologia clássica". In GUARESCHI, Pedrinho & JOVCHELOVITCH, Sandra. *Textos em representações sociais*. 2.ª ed. Petrópolis, Vozes, 1995.

MOVIMENTO NACIONAL DE MENINOS E MENINAS DE RUA (MNMMR), IBASE, NEV-USP. *Vidas em risco: assassinatos de crianças e adolescentes no Brasil*. Rio de Janeiro, 1992.

MOSCOVICI, Serge & HEWSTONE, Miles. "De la ciencia al sentido común". In MOSCOVICI, Serge (org.). *Psicologia social*, vol. 2: Pensamiento y vida social. Barcelona, Paidós, 1993.

OSAKABE, Haquira. *Argumentação e discurso político*. São Paulo, Kairós, 1979 (2.ª ed., São Paulo, Martins Fontes, 1999).

POSSENTI, Sírio. *Discurso, estilo e subjetividade*. São Paulo, Martins Fontes, 1988.

ROMUALDO, Jonas de Araújo. "Entrevistador-entrevistado. Relações Assimétricas no Discurso". *Comunicarte*, Campinas, Pucamp, n.ºs 11/12, pp. 58-68, 1988.

SAUSSURE, Ferdinand de. *Curso de lingüística geral*. São Paulo, Cultrix, 1975.

VON SIMSON, Olga de Moraes (org.). "Experimentos com histórias de vida". In *Enciclopédia aberta de ciências sociais 5*. São Paulo, Edições Vértice, 1988.

* * *

Cromosete
Gráfica e editora ltda.

Impressão e acabamento
Rua Uhland, 307 - Vila Ema
03283-000 - São Paulo - SP
Tel./Fax: (011) 6104-1176
Email: cromosete@uol.com.br